U0030561

台灣不動產大趨勢——
紅點商圈戰略

作者◎周鶴鳴

序
台灣房屋彭培業總裁

　　身為台灣房屋總裁，從事房仲業已邁進 38 年，駕馭台灣房仲史最重要的幾次歷史浪潮，在房仲業界持續以「專業、創新」乘風前進，培育眾多房仲領袖，讓我感到相當值得欣慰，數十年來服務無數客戶，幫買方幸福成家，幫賣方解決問題，讓同仁可以幫助家人，也可以成就自己。

　　2020 年，一個看不見的病毒，考驗了我們，人們終於知道，自己是如此依賴家宅的保護。回頭看看這段時間，房屋為我們做了多少？而我們為它做了多少？

　　身為房仲業的一員，我們應該更專業！應該對自

己更嚴格！在最令人退縮的時候，帶領台灣房屋做最勇敢的事，專業進化，房仲升格，我們成立全台唯一的「情境式高階專業訓練中心」，每一個夥伴，在面對買賣之前，都必須經過這個嚴格的訓練，讓專業，成為房仲業的驕傲！

後新冠時代，全球不論是在政治、經濟都有了全新的格局，每個家庭在新冠肺炎的影響下，不論生活習慣、對家的定義都有改變，台灣房屋因應變局，持續以專業進化房仲升格的理念服務民眾，因此，本書由在台灣房屋服務將近 30 年，對市場、經濟長期研究的台灣房屋首席副總裁周鶴鳴以及深耕服務桃竹各大商圈的專業菁英，總集彙整，為讀者從產業、建設、交通各方面，說明北台灣人口快速匯聚的桃竹生活圈，全書共分為五章節；第一章，購屋首部曲為產

業風向球及都市發展趨勢；第二章，台灣不動產前瞻三大目標，打開後疫情時代的新藍海：第三章，面對5G浪潮新手上路理財購屋眉角，以及個案解析；第四章，紅點商圈讓我們更看清楚，適合的商品有哪些，逐一分析；第五章，了解土地、危老重建、都市更新與店面……等不同商品。

每個人會因為年紀、需求、資金、訊息不同，買賣不動產都會有不同的考量點，本書配合各種不同的需求情境，為讀者介紹公園宅、學區宅等各種需求樣態，提供有興趣移居桃竹的民眾，可有多一個不同的思維，且能清楚桃竹未來的發展，讓想擁有不動產的人也可以，「買對房子，買進千萬人生」！

自序

周鶴鳴首席副總裁

新冠肺炎揭開2020驚人序幕

2020 年，是驚滔駭浪的一年，新冠肺炎疫情，席捲全球，長這麼大從未見過封城、鎖國，破壞力之強大，前所未見，對很多人的未來，變得模糊而迷茫。新冠肺炎的大爆發，可以理解到的是為了救世，各國擴大貨幣救市；較難預料到的是，台灣能在這一波災難中，脫穎而出，帶動產業移轉、人才回流、資金返巢，也帶動台灣這一波房地產，從過去只有資金面沒有基本面的「無基之彈」，成為「有基升級」除資金面推動，更有基本面支持。

這一波漲勢，來自北、中、南城市都會的科學園

區、傳統產業，從工業地產的需求，到套房租賃、零售店面，接踵而來首購、換屋，都展現難得的紮實榮景，其中又以固有的科技重鎮：新竹科學園區率先帶動，離雙北最近的桃園市，生產產值高達 2.9 兆，近年來在政府利多加持、重大建設的背景下，強勢起飛，讓桃竹成為台灣這波崛起的「大紅點」！

大桃竹紅點商圈

世界著名研究「藍點調查」，揭開了長壽村因為水、空氣、環境等因素，讓人長壽的原因，筆者也希望透過桃竹長期的觀察與生活經驗，運用這一本書，由在地商圈專家們介紹大桃園新竹地區「紅點商圈」，為有需要購屋的民眾，做一深度介紹與分析。

理財？保值？規劃您的人生，有不同的選擇！

近期理財趨勢話題中，世代對於財務規劃差異性拉大，在 30-50 世代、50-70 世代與 80 後、90 世代，因背景以及生活環境迥異，理財三世代。

筆者長期在台灣房屋服務，長期觀察客戶年齡層的轉變，粗略分析了以下的三種不同世代的投資理財觀念：

➠ 30- 50 世代（約 1941-1961 年）

成長背景約為農工業為主，台灣正值製造業、經濟大爆發的快速成長年代，這一代的人重視有土斯有財，因為台灣早年物質環境缺乏，因此懂得積蓄的重要性，購買房地產自用、投資兼保值，存房累積財富，遞延消費，創造穩定退休規劃。

▶▶ 50-70 世代（約 1961-1981 年）

台灣工業、科技製造業升級起飛，服務業以及電子業改朝換代，大多歷經亞洲金融風暴、本土型金融風暴、921 大地震、甚至通貨緊縮，造就投資多元，也很多人懂得房產以及股匯市兼俱，穩定中求變，累積資產。

▶▶ 80 後、90 世代（約 1991-2001 年）

具有開創性以及網路世代的特色，投資管道更加多元，靈活運用資金，財務配置包含股票、ETF、虛擬貨幣……，但隨著幾次的金融危機，貨幣貶值，房價也逐步升高，首購族在沒有家人支助下，購屋成為畏途，租屋族增加，年輕人築夢困難，開始追尋小確

幸生活。但是台灣這一波產業、城市發展的移轉,如何掌握機會,買好,還要買保值,甚至買增值,將是重要轉機。

沒有太多資金,從自住需求開始購入第一間房子。

1996 年,筆者為準備結婚,趁啞彈事件,危機入世,購入人生第一間房子,在新北市淡水關渡,展開獨立門戶精彩人生。

猶記母親當年的鼓勵,因為在她的人生歷練中,發現金錢貶值的快速。告訴我:當下貸款金額看起來很大,但是有一天錢貶值,回頭看,負債就不是太大了!

1997 年,亞洲金融風暴、1998 年本土型金融風

暴來臨，人生的第一間房子開始虧錢。

事後回想，自住的房子可以先不看盈虧：主因為當年工作調動到桃園，啟動了換屋需求，西元 2000 年換屋買桃園，賣掉關渡房子，慘虧！但買桃園的房子也很便宜，只補了一些差額，購入了面積更大、地點更好、屋況更佳的房子，上班變近、女兒也快樂入學。

2010 年，再因工作再度調回台北，每天奔波，小朋友又有就學需求，只好搬回台北，當時台北的房子已經很貴，但是桃園房子隨著這 10 年來的通膨以及市場發展漲價了，於是賣掉桃園，又補了差額，搬家！不但解決了上班問題、女兒又快樂入學了！資產在自住中不知不覺，也逐步從虧損變成了正向的累積。這段個人歷程中，資產的累積：由自住需求→工

作換屋→就學換屋。回想，關渡賣的時候便宜，但桃園買也便宜；台北買的時候貴，但桃園賣的時候也具有好價格。買房子，一切先回歸到生活的需求，當初沒有虧錢的第一間，以現在來看，房價漲那麼高，後面也沒有換屋的機會。

如果你只有一桶金，你可以選擇：

- **先求有再求好**
- **先由遠再而近**
- **先由小再求大**
- **先由舊再而新**

對於只有一套資金的人，也有機會快樂退休。全心投入工作，不用太在意目前自住房子一時的漲跌，有需求、有能力、有機會就循序漸進，越換越好、越換越大，有一天退休時，運氣好，房子漲了一波；運

氣不好，也存下一筆老來本，對於股市金融不熟悉，工作忙碌的人，不失為一種穩健的理財方式，一樣可以快樂退休。

工作需求	成家需求	就學需求	退休需求
先求有 再求好	由小而大	由遠而近 由舊而新	三宅一生
以就業機會、生活機能考慮，在需求與能力範圍內，以工作地點近為優先考量。	家庭成員增加，可以用時間換取空間，搬到衛星都會區。	隨著工作、年資、所得、實際需求，可以尋找居住品質升級的機會。	換屋鐘擺理論，年輕時市區小宅，成家立業市郊大宅，退休賣掉大房子搬到生活機能強的小宅或照顧完善的養生村，手中還有一筆錢運用，三宅一生，一樣快樂一生。

低利率時代來臨，你也可以這樣做：

很多人都跟我說過要存到第一桶金才能夠買房。每個人因為背景、資金、能力、需求不同，都會有不同的決策。如有最基本的居住需求，建議就可以從「先求有再求好」著手買下人生第一間房，在全球瘋狂印鈔的趨勢下，是無法預測未來錢的保值價值，回想，30 年前沒有買下讓我虧錢的第一間房子，應該也沒有機會一路補差額，完成人生各階段任務。需要經常性工作調動的人，也許房子可以用租的，但對大多數人而言，自己跑全省、跑全球，還是會讓家人留在固定的家。

擁有自己的房子，除了居住的基本需求，有「安全感」，還可以創造「幸福感」，並且從過去每個月支出租金的「費用」，逐漸將房貸繳清，成為「資產」，

創造人生的「成就感」，有時候房子並不是像你在媒體上看到的這麼高（建商新推建案），桃園市區（很多都會區）其實都還有不錯的 200~300 萬中古公寓、大樓，總價低、生活機能強，兩夫妻一起努力，很容易都能入手。

買好，還要買保值／增值

當然，在財務規劃百家爭鳴的時代，理財？保值？規畫人生，每個人都是最獨特的個體，每個人都有不同的選擇！不論是時下年輕人追求「財務獨立、提早退休」的 FIRE 風潮（Financial Independence Retire Early）從美國燒到台灣，還是前衛先進的比特幣、或是退休族的 ETF……等等，都是理財工具的一環，華人常說：「小富靠房，大富靠地。」對於有居住、換屋需求、平時又工作忙碌、不熟悉太多理財工具，本書將特別介紹在這一波崛起中，不論是產業升

級、就業所得、生活機能、人口成長都名列前茅的桃
園、新竹紅點商圈，讓讀者在先求有再求好、以遠換
近、以小換大、以舊換新的自住過程中，還有機會買
好、買保值、買增值，一樣人生圓夢！

2021 創造移居潮，仿照國外生活圈模式，桃園新竹迷你世界村與雙北形成 **Mega City**，深具國際潛力，將要起飛！

桃園捷運綠線
帶動沿線發展

廣豐購物中心
商圈機能佳

新竹巨城百貨商圈，假日親子人潮聚集。

桃竹竹產業鏈起飛

新竹高鐵特區起飛

公園宅結合生態教育夯

中壢青塘園生態公園

桃園小檜溪梯田生態教育

竹北世興空氣淨化公園

竹北水圳森林公園

新竹高鐵站前商圈

桃園華泰名品城

桃園高鐵與
A18 捷運站雙交會

富人聚落地段結合氛圍

桃園高鐵特區鳥瞰照

桃園藝文特區鳥瞰照

桃園藝文特區綠園道

富人聚落桃園指標性豪宅中悅一品

新竹富人聚落鳥瞰照

新竹富人聚落建案──若蒔山

中壢中原大學商圈

國立中央大學周邊商圈

名校宅提升國際競爭力

國立中央大學

國立中央大學周邊別墅

國立陽明交通大學

國立清華大學門口

國立清華大學光復路商圈及鳥瞰照

學區宅贏在養成起跑點

桃園市中壢區青埔雙語國民小學

新竹縣竹北市東興國民小學

河岸宅豪邸典藏第一排

新竹縣竹北頭前溪景觀

新竹縣竹北興隆路水岸第一排景觀宅

桃園南崁溪河岸景觀宅

桃園小檜溪重劃區

60億打造華人幸福基地——亞洲健康智慧園區

目錄 · CONTENT

序 /3

自序 /6

Chapter 1 購屋指南》首部曲・ /37
產業風向球以及都市發展趨勢

全台佈局您掌握了嗎？逆勢成長，全台 GDP 領先 /39

產業變遷，居住地重新洗牌 /41

頤養天年存房養老，退休金靠自己 /47

資產配置，不動產開新佈局 /51

北中南不動產，購置需求改變 /54

台灣紅點，世界藍點 /56

迷你世界村，依山傍水工商兼俱 /59

日本一日城心的都市複製條件 /65

循著建設與人潮走，帶動衛星城市發展 /67

升級國際都市，交通建設長期支撐 /72

政府重大建設，撐起未來半邊天 /75

Chapter 2 購屋指南》二部曲 · *79*

台灣不動產前瞻三大目標：桃竹竹產業鏈、智慧航空城與樂齡健康地產基地

桃竹竹產業鏈概況 /*81*

航空城經貿地位重要，東南亞樞紐中心 /*85*

高鐵交通加持，北中南商務客齊聚 /*88*

海空聯運，運輸帶動產業提升 /*91*

智慧航空城是亞洲矽谷的前哨站 /*95*

工業區重劃區新佈局，再創經濟奇蹟 /*100*

國際級數位產業鏈，住宅發展同步升級 /*102*

60 億打造世界華人的幸福基地 /*107*

溫泉照護宅驚豔國際，建築結構最高標 /*110*

Chapter 3 購屋指南》三部曲 · *113*

首購入手基礎概念，**5G** 新手上路，準備好了嗎？

挑屋，為什麼要挑交通建設？ */115*

一日商圈好處何在？月入 3~5 萬如何買好屋？ */118*

首購族的理財準備有哪些？ */122*

頂客族的精緻生活圈*/126*

幸福五口長青樂活區怎麼挑？ */129*

學區優勢還有嗎？孩子教育費用怎麼省？ */131*

公園宅、河岸宅、學區宅、名校宅長期差異在哪？ */134*

挑對 location，搞懂新成屋、中古保值屋、預售屋，如何配置？看準區域優勢，善用第一桶金。 */136*

自住又保值，挑對生活便利區，潛在價值 UP UP！*/141*

為什麼大家總說買房投資是長線投資？短線可以怎麼規劃？ */144*

Chapter 4 購屋指南》四部曲 ‧ 147

保值？投資？退休？您安排好了嗎？

☆公園宅結合生態教育夯 / 153

☆富人聚落地段結合氛圍 / 160

☆名校宅提升國際競爭力 / 175

☆學區宅贏在養成起跑點 / 181

☆河岸宅豪邸典藏第一排 / 188

Chapter 5 購屋指南》五部曲 ‧ 195

有土斯有財？先有雞還是先有蛋，存款不如擁有金雞母

產業回流帶動之機會點 / 202

好商圈的店面，越舊越值錢 / 207

社區聚集商圈，哪種店面正夯？ / 212

危老話題都更新方向 / 215

農地使用、規劃節稅適合長期持有 / 220

Chapter 1 購屋指南》首部曲

產業風向球以及
都市發展趨勢

　　驚人的發現，全台重要的商業區域都在「紅點商圈」！究竟為什麼商務人士的需求，以及不動產理財專家，都要選擇這樣的環境呢？

全台佈局您掌握了嗎？逆勢成長，全台 GDP 領先

　　2018 年起中美貿易大戰，全球、台灣發生了戰略性的改變，2020 年進入第三季，在人流、金流、物流三方面，有了更明顯的移轉。美國歷經總統大選過後，川普走了，來到拜登年代，看到的是 1.9 兆的紓困計畫，後續更有 2.25 兆的基礎建設計畫，大量資金快速的挹注，美國市場也呈現飛快的復甦，又帶給全球更多的不確定性，台灣在這一波角力中，目前經濟確實正面發展。

　　主計總處表示，2020 年全年經濟成長率 3.11%，國內每人生產毛額（GDP）預測可近 3 萬 1,000 美元；

展望 2021 年經濟發展，整體而言預測 2021 年 GDP 規模突破 20 兆，經濟成長 4.64%，較 2020 年 11 月預測上修 0.81 個百分點，將自 2015 年以來、近 7 年最高水準！2021（今）年一整年，根據經濟學人資訊中心預測，台灣的經濟成長幅度坐四望五，被經濟學人（The Economist）讚譽為全球經濟表現最佳的地方之一。

產業變遷，居住地重新洗牌

　　不動產是一種既簡單又深奧的東西，每個人天天都會接觸到，但對每個人而言價值定義不同，從最初始遮風避雨的使用價值，再進化到人口聚集，商業發展後，所出現的置產、投資價值，在 2008 年爆發全球性金融海嘯，美國連續三次 QE，瘋狂印鈔撒錢造成貨幣貶值，出現大量熱錢追逐少量有價值的稀有優良商品，金價創紀錄、藝術品創紀錄、不動產創紀錄……，此時，不動產又出現了保值避險價值，所謂有價值必須具備稀有抗貶值，又要能有人願意接手，2008 年，這一波資金浪潮，造成全球大都會的無基之彈，房價大漲一波。十年盼不到一

個真實經濟的復甦，卻等到了爆發全球新冠肺炎，美國再一次水龍頭大開，過去台灣錢淹腳目，這次全球的熱錢氾濫到應該已經淹膝蓋了！年輕人盼不到房價大跌，再次面臨人生決策！（to buy or not to buy?），希望這一本書能帶給每一種不同需求的人，有一些不同面向的思考！

投資學：每個人因為需求、資金、資訊來源⋯⋯等等不同，故對同一個事件，會有不同的決策，房地產也是如此，每個人會因為結婚、首購、小孩出生、就學、上班地點、退休、財產處理階段⋯⋯等等不一樣，都必須有不同的決策，**絕對不是一個概念該買或不該買用來適用全部的人**。例如：對於沒有自己房子的首購族來說，我長期的專欄跟建議就

是：在能力與需求範圍內，先求有，再求好，由遠
而近，由舊而新，由小而大；產品、區位越換越好，
也就越來越保值，循序漸進慢慢累積，有朝一日，
驀然回首，發現在使用的過程中，也存下一筆不小
的財富。

　　房價攸關，政治學、經濟學、社會學、投資
學、心理學……，也絕對不是一個人口減少、空屋
率增加，就可以狹隘斷定供需理論。在社會的演進
中，從農業社會演進到工業社會，再演進到服務型
社會，人口的移動也從鄉村來到都市周遭的工業
區，最後群聚到大型都會區，偏鄉的空屋不再是有
效餘屋，生活機能強大的都市核心，也因為需求大
於供給，房子價格跟價值都有所支撐。

　　不動產是一個家庭、國家最重要的資產，也不容過度炒作、震盪，在美國帶動全球央行印鈔的過程中，幾乎所有國家的股市、房市……種種資產都逐步泡沫化，**漲得越高，被戳破的機會越大，對任何一個國家而言，維護資產合理價格，非常重要，經過疫情，世界經濟大受影響，房地產要像過去經濟高度成長的年代，百花齊放，翻漲數倍，幾乎是不可能，想要大跌撿便宜貨也不太容易，回歸到最原始的價值，「先求使用，再求增值！」**

　　房價最好的狀態還是穩定發展，對年輕一代房價過高的問題，透過交通便利、產業移轉，都可以有更多就業、居住的選擇，例如：在桃園不是只有一千萬三房兩廳的新大樓，還有很多舊商圈生活便

利的老公寓、小套房，總價 300 萬左右，兩夫妻在附近企業、工廠服務，收入 6、7 萬，一樣可以撐起一個幸福美滿的家宅。如果非得一定要在台北市中心工作，這就要運用政府的力量，提供更多社會宅、福利政策，讓國人都能安心解決住的問題！

其中，我們先來談談不動產增值的因素：

第一種要素	房產地成本提高的五大面向（如：人力、鋼筋、模板、混凝土、機電⋯⋯等等）因素。（一般的房產都具備抗通膨效果）
第二種要素	特定區域產業、交通的發展因素，增加高於平均的增值。（桃園、新竹、台中、台南、高雄等，這一波都是因為產業升級帶來可觀的成長）
第三種要素	特殊議題收益，例如農地的區段徵收、又例如危老重建都更議題，完成都會大幅提高原來的價值，但是更具有整合不確定性與時間漫長的風險因素，然而投資上，本來就是高利潤高風險。

如何降低風險，就要有長期持有的能力，才有機會開花結果，最容易的方式，還是是回到不動產基本的使用價值，使用過程灌注價值，維繫持有的能力，總有一天會等到！

頤養天年存房養老，退休金靠自己

　　房地產對大多數人來說，功能性都是自用價值居多，但因台灣目前退休制度尚無法完全滿足，大部分軍公教人員可以透過勞退制度；對於企業經營者、股票投資專精的專業人士，也可以養股退休；但是對於大多數的人而言，無法成為軍公教人員，也不具備理財投資專業、但又無法只靠政府提供的勞退金過活，只能靠自己，最可靠的方法還是「存房」在自住使用的過程中把錢存下來，老有所靠。

　　對於只有一套資金的人，可以由遠而近、由舊而新、由小而大，越換越大越值錢，有一天退休

了，賣掉大房子，在生活便利的好地點，換一間方便退休的小房子，手中又有現金可以花用。對於膝下無子的人，也可以考慮未來趨勢的「養生村」或是「以房養老」。

對於手中不只一套資金的人，就可以選擇再買一間收租的房子，創造穩定的現金流，租金會隨著物價水準逐步成長，也不用害怕未來貨幣貶值不夠用的問題（註：通貨膨脹）以不動產的產品來說，最易入手還是套房，總價低，但是地點重要，過去大多校園套房，但是少子化後，學校的報到率很重要；現在因為產業興起，所以工業區附近的套房就很熱門，譬如新竹科學園區附近的金山街，就是外地人來到園區工作的第一站，生活機能強大，中壢工業區、湖口工業區等都有龐大的需求，投報率也

很高。

　　資金再雄厚一點，可以考慮店面投資。現在店面因為疫情的因素，幾乎成為票房毒藥，但是店面可以分為很多種，有人流匯聚的熱門商圈型、社區生活型、住店型、重劃區未來趨勢型……。這次疫情店面會被如此負評，主要是因為 2008 年這一波資金熱潮，台北市一級商圈例如忠孝東路、西門町店面租金漲太高、房價飆太高；近年來，觀光客驟減、疫情影響，人流大幅減少，以致到現在都還沒修正完畢。但是相對新興城市、重劃區等，人口逐步聚集、大樓林立，隨便一區住戶都有上千戶，光這些人口的衣、食、住、行、娛樂需求，就會有基本面，以當地消費人口為主，收租也相對穩定。尤其現在各種產業發展都是連鎖化的趨勢，仔細看任何一個聚集人口的商圈，幾乎都會有相同的超商、咖啡廳、

早餐店、藥局、診所、餐飲店、臭臭鍋⋯，這些產業幾乎都是依照人口戶數在展店，對於一個人口移入發展中的社區、城市而言，這類居家生活型店面，都是具備蓬勃發展的潛力。

這些新興區、重劃區，早年又沒有太多觀光客過度炒作、以在地生活需求為主、總價相對低很多，收租穩定，此區域的物件都是投資置產、退休族群不錯的選擇。

當然，台灣社會正邁向少子化、超高齡化的趨勢中，以房養老的另外選項「養生村」將成為未來重要的選擇，美國、日本等先進國家行之有年，台灣準備起飛，後續筆者將會有專頁深入說明。

資產配置，不動產開新佈局

　　世界經歷百年浩劫，進入人類大遷徙必然過程，因疫情肆虐，及國際政經因素影響，台灣的經濟，在川普（Donald Trump）總統所發動的美中貿易戰爭下，成為了貿易轉單的受益者。在中國大陸的台商，於是興起了「鮭魚返鄉」潮，人力結構改變，不少產業開始依人口、覓工商條件而居，產生了另一波的購置土地的需求，**「地、人、居」**三個重要的聚落條件依序產生，以科技產業為例：先有適當土地廠房、配合人力需求、產生工作居住地形成產業聚落，也相對影響了全台房市的價格，2020

年一整年，台灣投資在工廠及其它固定資產（fixed assets）的總金額，累計首度超越過去歷史高點；預估 2021-2025 年將刷新紀錄。

全球五大洲每日呈現驚人的死亡數字，讓人怵目驚心，而全球不動產面臨巨大的挑戰以及變化，世界級的投資理財標的，短短三個月內呈現巨幅的調整以及轉換，不論是股市、匯市、金融保險、黃金期貨，都呈現一種高檔浮動的狀態，唯有不動產穩定的向下僵固性（註：經濟學名詞），以及長期持有性，成為了人們資產配置的重要標的。

在不安的年代，更看到穩定的安全感，短期的天災人禍可能會過去，然而，財富的配置需要更為

長線的思考佈局，2021 年不諱言進入一種「守」的格局，常言道：**「守成不易，莫徒務近功」**，故在種種政經條件以及環境條件的評估下，應該認真思考重新評估跟配置，才能達到短中長期的理財需求。

北中南不動產，購置需求改變

烽火連三月，不動產熱度由南燒到北；從 2020 年第三季開始，中南部的買賣成交數量激增，各式不同的置產購屋需求出籠，北部因觀光產業銳減，轉型電商增加，店面需求降低，轉為小型辦公室以及物流倉儲居多；中部及南部大型土地開發案增加，產業園區帶來大量的工作需求，周邊食衣育樂醫療產業隨之分佈。

北部來說，電商興起，希望產業的市場蓬勃萌芽，物流以及辦公室需要大型廠房跟土地，雖然外

出餐飲人口銳減，但外送以及大型中央廚房需求增加，連帶影響了企業主在購置不動產上的評估標準，譬如：北部多為舊街廓，大型土地缺乏，地價貴，帶動產業外移。近年來，桃園龍潭渴望園區一帶，中央廚房需求增加。商業重心轉移態勢明顯，人們進入新生活型態，不論購屋自住的選擇上，也與過去不盡相同。

台灣紅點，世界藍點

面對全球環境大改變，我們不妨來討論一下，全球有著名的研究「藍點調查」（Blue Zones），就我個人理解後，發現它是本世紀最大型的全球長壽人口普查，以實證研究方式來揭開人如何活得更健康，並且更長壽的環境影響力。

究「藍點調查」之所以在世紀各國發展健康地產時成為圭臬，在於它並非抽樣調查（有系統性的誤差存在），而是一個遍及全世界的普查。這一個調查規模龐大，但是方法卻非常簡單，也就是在世

界地圖上，當某地區有一位 100 歲以上的人瑞，就在該地區標註一個藍色的點（Blue Point）之後，你會發現世界地圖上只有五個區域（Blue Zones）的藍點（如：日本沖繩、美國加州的洛馬林達市、地中海邊的薩丁尼亞島、愛琴海北邊的依卡利亞島，以及哥斯大黎加的尼柯亞半島。）特別密集，也就是説，如果同一國家的居民，大家的生活條件差不多，出現的百歲人瑞比例也會接近，藍點應該同一個地區內平均分配，當然除了居住，首要就是地點跟環境，就像氣候佳、飲食條件類似，植物也會有較佳的成長曲線。（註：出處台灣房屋集團彭培業《2021 健康地產新趨勢》一書）。

　相對地，「人類」也是隨環境改變的變動因素之一，故根據經濟學概論，動機以及環境，最後就

會影響了結果，不是嗎？故假設我們把藍點理論普查方式，套用在近期後疫情新時代的狀況上，我們會有什麼重大的發現呢？驚人的發現，全台重要的商業區域都在「紅點商圈」！究竟為什麼商務人士的需求，以及不動產理財專家，都要選擇這樣的環境呢？

迷你世界村，依山傍水工商兼俱

　　環境造就了人們購屋的需求，驚人的發現，人們 2020 年所創造的移居潮，完全仿照國外的生活圈模式，桃園以及新竹儼然成為了迷你世界村，雙北桃竹形成一個大都會（Mega City），根據藍點調查理論，我們在歸納紅點商圈的時候，赫然發現，購置不動產的產業、環境條件因素，桃園航空城俱有韓國仁川機場的未來腹地優勢；桃園捷運或桃園與新竹高鐵交通線上，與日本的工作性質雷同，一日城心通勤，龍潭或是新竹竹北一帶，綠覆率偏高的自然環境，如同加拿大、溫哥華環境宜人優勢。

　　新竹屬於全球科技產業鏈的一環，連結國際，高鐵是臍帶線，桃園再也不是過去的桃園了，擁有海空雙港，連結雙北，迷你世界村的模板，在此波經濟基本面的推波助瀾下，加速了整體紅點商圈的蔚然成形。當然，全台各地各有優勢，不少在前段文章中，我們提及的台北就業人口，也順勢南下遷居，整年度下來，全台不動產各區域，宛如大風吹，台中、台南、高雄不動產客戶需求，已與過往明顯不同。

　　近年來「馬拉松產品」當道，只要建設多、人氣旺、商機穩的衛星城市或新興重劃區，包括：林口新市鎮、桃園高鐵重劃區、新竹關埔重劃區、台中北屯機捷特區和高雄橋頭新市鎮，台灣各區的城鄉發展，趨於健全，區域除了基礎建設、另產業園

區就業支撐，整體規劃完整，人們不再非要於都會區尋找工作機會，而是返鄉就業，人口移入數和房價需求，更甚精華區。

不動產不是快速消費品，它具有「長線、抗跌、穩健」的優勢；最近看了一本書「路引」，深深地覺得如何將別人的專業闡述出來，讓更多人都懂，是一件非常可貴的事情，因此在本書中，將引述各方專家，給民眾更多桃竹不動產資訊！

2008 年台灣房屋集團彭總裁曾經說過:「房地產圍棋理論，金角、銀邊、銅肚。」一個區域的金角需要交通的銀邊串聯，才能有銅肚的包夾產生繁榮。歷經十多年光陰，大桃竹地區金角之勢隱然

形成，尤其西元 2018 年中美貿易大戰後台商返台，2020 年 COVID-19（註：新冠肺炎疫情）企業、資金、人才加速回台。護國神山的台積電大本營新竹，加速成長，好還要更好；桃園市因為產業、各交通匯聚，成為北台灣發展最快、最閃亮的一隻大金角。沒有金角條件的地方，銀邊（交通）只會將人口不斷運出；具備金角條件的地方，因為產業發達，人口才會成長，人流帶來商業機會，衣、食、住、行、育樂促進就業繁榮。

最近，彭總裁又說明了一個有趣的現象，「路段弱化」模糊化，過去買房地產不外乎 Location、Location、Location，路段非常重要。但是近年產業分散發展，各縣市重劃區又如雨後春筍，透過交

通帶進人口，形成多元化發展的「紅點商圈」現象。就像過去在台北的豪宅非仁愛路莫屬，但是後來信義計畫區、大直明水路、甚至南港軟體科學園區……都成為新興的豪宅區，民眾可以選擇區域變多了，路段的重要性感覺也弱化了。

桃園市過去就是以中正藝文特區一枝獨秀，近年也因重劃區陸續開發，增加了青埔、中路、小檜溪、經國特區……等區域，可選擇生活商圈也增加了，此為路段弱化現象。

我們看到一個區域，未來能否風起雲湧，交通只是輔助，可以將人口帶進，也可以將人口帶出，因此最重要還是要看「潛能」potential，是否成為一個貨真價實的「金角」。大桃竹可以確認一定是北台灣的大金角，幅員廣闊，因為路段的弱化現

象，因此產生很多不同性質的「紅點商圈」，每個人因為需求不同，也有不同的選擇，因此筆者將會在書中，訪問在各紅點商圈深耕多年的市場專家，為各位說明大桃竹這些紅點商圈的特色，提供更多移居大桃竹生活商圈的民眾參考。

日本一日城心的都市複製條件

在上述我們提及這樣的居住條件後，讓我們深入的理解，什麼是一日城心？即是，在都市發展中，重要的交通因素「區位」（location），一個人每天都只有一天 24 小時的時間，如果想要節省每日工作排程、生活排程中的時間成本，在挑選居住地點時，區位就變成了主要條件。

透過交通的建設越來越進步，我們可以縮短，點到點之間所要花費的時間，假設說：我們把工作的地點設在台北市的信義區（都會區），如果租屋費用是 5 萬元，透過搭乘高鐵捷運轉乘到桃園居住

（住宅區），只需要花交通的時間，就可以省下大量的租屋成本約 3 萬元，因為桃園的租屋費用相較於都會區的價格便宜，因此，透過交通建設陸續的進步，形成逐漸趨於完善的居住都市。

台灣不論是在人口結構、或人口生活狀況，趨近於日本；台北是重要的全球都市，舉凡國際性企業、金融機構、專業技師事務所、（跨企業）集團（綜合企業）等總部進駐，相對生活費用也是比其他城市更為昂貴，上班族想要在商業區居住，要負擔更多的居住成本，所以在種種條件下，周邊的衛星城鎮，開始蓬勃發展，早上搭乘交通工具就可以到達城市工作，當天下班又可搭車回家，就是一日（24 小時內）就可以連結工作與家庭的生活概念。

循著建設與人潮走，帶動衛星城市發展

　　根據在 2016 年的人口普查資料顯示，過去東京都為核心的日本首都圈（東京都會區），聚集人口逾 3 千 6 百萬，為世界第一大都會區，那麼是不是所有人口都可以住在都會區呢？答案是不一定，因為人口密集度過高，以及都會區的過度開發，造就了下班時間人口外移通勤的狀況。**例如說：東京都共有居民 13,617,445 人，其中 23 區共有居民 8,967,665 人，而每日從 23 區移入東京都，夜晚又回到 23 區休息，一日通勤。**由於大量人員在東京都和鄰近地區之間通勤移動，因而使得東京都區

部在日間和夜晚的人口差距較大，類似信義計劃區、內湖科學園區與其周邊住宅區的現象，白天人口往商業區或是園區移入，晚上再回到鄰近的住宅區。然而在美國也有用時間換取空間的狀況，也證明了一個成熟國家的都市將會是有都會區與住宅衛星區域的成熟規劃。

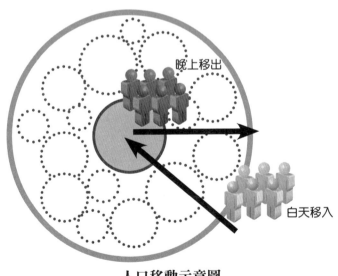

人口移動示意圖

　　例如：美國馬州查爾斯郡的民眾 2017 年上下班通勤平均要花費 338 小時；位於馬州的瑪麗華盛頓大學經濟學教授漢森表示，大華府許多民眾選擇華盛頓特區（華府 DC）工作，但為提高生活質量，也就是總體評估的生活品質、居住舒適、降低生活開銷，而選擇在維州或馬州等離城市較遠的地區定居，與城市建設及規劃緊密相關。

　　自 2015 年桃園升格直轄市後，基礎建設陸續到位，加上高鐵與捷運……等等，發展迅速，短短五年內桃竹與台北圈成了一日通勤生活圈，透過三環三線以及高鐵縮短了桃竹兩區的距離，如同上述日本與美國案例，商業區與住宅區一日到城心，當一般人在高物價都會區賺取薪資時，可以維持居住品

質，選擇適合生活以及抗通膨的優質住宅區；根據
數據統計，此優勢已經吸引了大量人口移入。近年
來我們更觀察到，過去住在桃園，工作在台北；已
經漸漸發展成住在桃園，工作也在桃園的趨勢，新
竹由於科學園區就業機會多、薪資豐厚，科技人才
更是選擇落地生根；在內政部統計月報資料如下：

近三年六都淨遷入／遷出人數

區域別	2018年	2019年	2020年	三年人口淨遷入／遷出
新北市	4,030	19,664	10,577	34,271
臺北市	-19,632	-26,973	-44,440	-91,045
桃園市	23,110	18,522	11,506	53,138
臺中市	11,268	7,482	3,419	22,169
臺南市	125	704	-1,445	-616
高雄市	-1,990	2,039	-4,483	-4,434
新竹縣	4,119	6,250	6,331	16,700
新竹市	3,126	2,039	1,629	6,794

（資料來源：內政部統計處網站／台灣房屋集團趨勢中心整理製表）

　　根據內政部統計月報統計，自 2018 年到 2020
年，近三年桃園淨遷入人數增加近五萬人，在六都
之中，居全台之冠，然而在其他區域上，也隨 2020
年的波動也出現明顯的人口遷徙，這三年來淨遷出
人口數，最多是的台北市，有高達九萬多人，至於
新竹縣市人口部分，也呈現淨遷入，共計達二萬
三千多人。

升級國際都市，交通建設長期支撐

　　台灣經過了疫情時代，目前不少內需建設都比過去發展更為迅速，也朝著全球都市前進，這些都要靠交通建設長期支撐。桃園除了有鄰近台北都會區的衛星都市優勢，目前積極進行中的就是，接駁台北的原有規模的大型公共運輸網絡。承接了舊有的建設，快速搭起新穎的網絡；過去數十年，台北以及新北已經有完善的都市捷運系統，從台北火車站銜接機場捷運線、高鐵進入桃園；或是從台北的三環三線進入桃園，銜接桃園高鐵特區，大型公共建設網絡，與其他之衛星城鎮相比，凸顯他的交

通便利性，此外，在新市鎮的規畫上，多屬街廓方正，較易規劃，畢竟，一開始筆者有提及理財以及生活方式不同，30歲過後的購屋族群們，多會購置車輛作為代步工具，對於停車位的需求也增加，也大幅地帶動了捷運周邊的新市鎮購屋需求。

　　高速公路的平面道路，如：中山高、北二高、五楊高架……等等，也是進入桃園的重要交通管道，所以在客運車班上，往來台北桃園兩地相當頻繁，不論是透過北二高到台北轉運站，或是由中山高到達民生東路一帶，都自成了包夾式的公路運輸系統，交通流量相當驚人，加上政府單位指出，桃園進入大建設時期，交通建設投資超過3,000億，不少國家重大建設都在桃園，中央持續與桃園市政府合作，

協助建構桃園三橫「國道 1 號甲線、國道 2 號、台
66 系統交流道」，及三縱「國道 1 號、國道 3 號、台
61 線」的路網，打通交通斷點，促進交通速度。

　　未來透過多元化運輸模式（地下鐵路、輕軌
運輸、區域鐵路、公車）網絡逐漸成形，可以紓解
上下班的通勤車潮，在許多國際知名的重要都市，
如：東京地鐵、紐約地鐵、倫敦地鐵、巴黎地鐵、
北京地鐵、仁川地鐵……等，多以規模龐大且使用
率高的公共運輸系統、高度使用鐵路，讓國際都市
與衛星都市建構更為完善。不論疫情什麼時候會結
束，未來十年空運，仍為支撐桃園的重要指標，以
全台灣來看，在貨運運輸的選擇地點上，桃園機場
依然是交通之重要樞紐。

政府重大建設，撐起未來半邊天

　　筆者研究後，發現在國發會，第 18 期中期計畫「國家發展計畫（110 至 113 年）」自 110 年起實施。本計畫以「穩定中追求成長、變局中把握先機」理念，衡酌國際發展趨勢及國內中長期課題；後疫情時代，未來長線有眾多重要的發展題材，回歸居住正義的基本面，讓人老有所居，除了住得好，還要帶入大量工作機會以及人力發展，打造大桃竹區域的新願景。

　　當然，我們已經看到了未來的五年，在桃園的

紅點商圈中，具有很多基本面的條件，畢竟，桃園佔了地利之便，政府的推動下，不少人力也陸續增加。在政府重大建設上，首要為「桃園航空城」已成立專責機關統籌相關工程，工務局成立二級機關「航空城工程處，當前三心六線捷運軌道建設已進入施工階段，捷運工程局人力亦獲得相當幅度的增加。

　　在市府極力推動下，都市發展局因應國土計畫三法實施，本市各項區域計畫及國土計畫皆陸續進行核定，讓原有都市行政業務大幅增加，因此另外成立「國土計劃科」，促進城市轉型發展。另有大料崁溪水與綠休閒園區計畫，並將在大漢溪沿岸取得 228 公頃國有河川高灘地，因應本市河川綠地增

加，以及其他 11 條主要河川綠地取得及滯洪池操作、水閘門管理、防災整備等河岸管理需要，增加水務局辦理防災及河岸地工程等水利建設重點工作人力，並成立專責單位「水利防災科」及「河岸地工程管理科」。

國家發展委員會《前瞻基礎建設計畫》中，軌道建設將都市推捷運、高鐵台鐵連結成網……等等，列為發展方針；另在將《亞洲、矽谷推動方案》落實桃園、航空城產業園區開發……等，進而國家發展委員會的六大核心產業推動方案中，也將在臺灣精準健康產業方面，將建構基因及健保巨量資料庫，以及開發精準預防、診斷與治療照護系統，並發展精準防疫產品與拓展國際生醫商機，將臺灣防疫品牌推向全球。

　　在新竹交通部份，搭乘高鐵從台北到新竹最快僅需 30 分鐘，但因新竹高鐵站位在竹北市，另搭乘台鐵區間車，新竹高鐵站和台鐵六家站以空橋連通，可轉乘台鐵內灣支線，進入新竹市、關埔重劃區以及竹東、內灣，形成大新竹與竹科的交通網絡。此外，未來「五楊高架延伸頭份」行政院拍板通過，紓解大新竹地區高速公路交通壅塞狀況，於 2020 年 5 月再核定通過，代表本案確定成立，後續將交由交通部辦理綜合規劃、都市計畫變更與環評作業，完工後台北至新竹預計只需 45 分鐘，打通大新竹地區交通脈絡。

Chapter 2 購屋指南》二部曲

台灣不動產前瞻
三大目標：
桃竹竹產業鏈、智慧航空
城與樂齡健康地產基地

　　產業做好，對在地的房地產加分。
就業、就學、就養、居住、商業需求提
升，價格就會水漲船高。

桃竹竹產業鏈概況

　　桃竹竹產業眾多，桃園近年來眾多大廠進駐，政府對於工業區的推動也不遺餘力。新竹科學園區 1980 年至今，40 多年引領國內外經濟發展，園區的進駐改變了純樸的風城，也為新竹縣市注入產業的工作人口以及居住需求，大幅提升了居民的平均所得，曾經多年排行全台數一數二。園區內多達 300 多家高科技廠商進駐，主要產業包括有半導體業、電腦業、通訊業、光電業、精密機械產業與生物技術產業；不僅僅全球半導體製造業最密集的地方之一，也是北台灣的科技中心，那麼在房地產市場上，有何優勢呢？

台灣房屋竹科直營門市王瑞松店長分享，新竹科學園區一帶，從過去到現在，因為產業就業人口眾多，傳統市場以及生活機能便利，帶來了民生消費的需求，各式各樣的店面林立⋯⋯，近年來，鄰近新竹的竹北「台元科技園區」、「新竹生物醫學園區」、「國際 AI 智慧園區」⋯⋯等幾大園區的加持下，為新竹縣市帶入了上萬個就業機會，年產值驚人，支撐新竹縣市房價，持續看漲。

從桃園、新竹縣市因為地緣之便以及高鐵交通動線陸續連結，加上航空城位於國門之首，疫情過後加速台商回流，帶動了「桃竹竹產業鏈」，未來不少光電大廠、電子精密零件廠商乘坐高鐵，往來奔走於桃竹竹三大重要都市成為北台灣重要的經貿

動線，更因應國發會前瞻基礎建設計畫，在後疫情時代大幅增加 5G、AI 產業、均衡區域發展強化偏鄉建設，迎接物聯網時代來臨，商業需求大增。

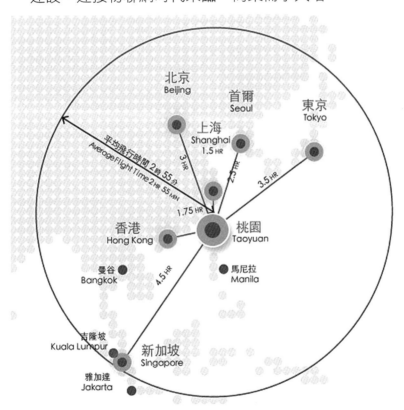

圖片來源：https://invest.tycg.gov.tw/home.jsp?id=26&parentpath=0,20,25

　　根據桃園市政府投資通招商網資料顯示，在地理位置台灣為東亞樞紐，可快速飛行到亞洲五大主要城市，包括香港、上海、首爾、東京、新加坡，且平均飛行時間不超過三小時。同時，在台北港的搭配下，輪船航行到香港、馬尼拉、上海、東京及新加坡等五大重要城市，平均航行時間不到一星期。

航空城經貿地位重要，東南亞樞紐中心

　　台灣位於東亞中心，且經貿地理位置重要，為多國際品牌進入中國大陸、東北亞及東南亞等市場中繼站，故在台發展的企業，可結合經營管理四大層面：資金、技術、人才及管理，共同開發中國及東南亞等主要市場，做為亞太營運總部。國際機場以豐沛資源的輔助，政府施政重要配套，「國門之都」的封號不脛而走。

　　桃園航空城定位國際城市，全球地球村，藉由海空聯運提升產業鏈生活圈。在後疫情時代國際訂單絡繹不絕，國際化的貿易公司設立，零組件航空

城產業區域組裝，省下大筆關稅，未來目標以韓國仁川國際機場，借鏡韓國經濟自由區。

韓國在規劃上對於時間成本的評估，相當精細，比如說：仁川自貿區（註：韓國經濟自由區）連接仁川國際機場，僅需要 25 分鐘車程，隨時可以飛往世界各地，談及空運，不妨可以借鏡韓國，當然更值得開心的是，海空聯運的初步實行，在台灣的台北港我們也已經完成，且逐步擴大中，對於未來的藍圖實踐，指日可待。

在聯外交通上，仁川經濟自由區域（註：韓國經濟自由區）與韓國首都首爾，往返只需 1 個小時，通過公路、鐵路的多種交通方式，目前台灣在高

鐵、桃園機捷、公路……等,皆已陸續到位。未來
航空城並非運輸功能,不是單純載人和載貨運,為
整個產業和生活面結合在一起的國際城市。

　後疫情時代,桃園航空城在政府的支持下快速
到位。此外,國發會《前瞻計畫書》指出政府將大
力推動電子商務及數位都市,讓台灣成為全球化的
核心競爭力目標;毗鄰機場的城市,作為全球商務
的最佳投資地點而備受矚目。

高鐵交通加持，北中南商務客齊聚

　　後疫情新時代來臨，台灣一日商業區，如同上海浦東、韓國仁川、日本東京⋯⋯等。從北至南的各高鐵重劃區，皆成為了一級戰區；世界各國的都市發展，首重交通動線的規劃，高鐵經由南港、台北、板橋、桃園青埔、新竹⋯⋯等到高雄，在北台灣各站間，不到 20 分鐘，等同捷運站與站之間所需花費的時間，高速度以及高效能的交通動線，連結了產業生活圈的便利性，在這樣的加持下，產業鏈結構更加健全。

　　商務需求倍增，未來周邊交通規劃完善，我們不妨思考一下，當每個人都是開車來搭飛機，設想我們需要多少停車場？假設透過捷運能從台北直接過來，人流的狀況解決了，也減去了時間中的隱形成本，讓商務人士更能精準掌握時間，後疫情時代的商業模式中，「時間」才是最大的成本。

　　看得到的交通雛型，目前台鐵、捷運、高鐵都陸續到位，在桃園區規畫出完整雛形，像台北以外的人，從南部上來，可以連接到中壢火車站，台鐵、三鐵共構，南部上來，不用開車直接坐捷運就可以到機場，台北交通的動線上，亦為如此。

　　腹地有多大，才能建設多大的城堡，過去，基

隆港可惜在腹地不夠大，且鐵路運輸也是一個很大的問題，運東西出來要坐火車，須經過八堵、七堵，時間成本，運輸各方面無法縮減，實足可惜。因此在藍圖規劃中，當有強而有力的政府推動下，就可以快速建設起來，在北台灣的眾多土地區域當中，桃園航空城周邊的地理優勢，足以負載未來交通樞紐重任。

桃園航空城結合海空雙港（桃園機場、臺北港）及自由貿易港區……等優勢條件，且未來飛往亞太各主要城市預計平均航程最短（2.55 小時），當然位置上，更是東北亞、東南亞黃金雙航圈中心與北臺都會區發展緊密連結，推測未來幾年**台灣將是扶搖直上的曲線。**

（註：資料來源新南向政策專網、桃園航空城）

海空聯運，運輸帶動產業提升

據了解大園工業區，因為後疫情時代不少傳統產業轉型，大園海線一帶，倉儲業現在越來越好，因宅經濟興起，需要有貨物堆放的倉庫，運輸的地方，包含頂好在這邊也設倉儲的運營中心，就在大觀路，大園工業區外圍。

一直討論到「海空聯運」我們在此做一個深入淺出的解釋，就產業型態來說，假設外商在此區設廠，今天我有新品發表會時間壓力，貨品的運輸選擇上，將會以空運優先，一個禮拜之內，勢必就可

以舉辦發表會，馬上可以至國外銷售；假設不急的話，海空聯運，沒有即刻的時間壓力，時間較為寬裕，則可以在製造完成後，變成是生活常態產業，運輸至台北港，由台北港附近的廠區包貨出去，就像現在很多汽車都從台北港進來，台北港已經可以做最基本的服務，即為海空聯運的產業運輸時間以及成本概念。

相較於其他高鐵重劃區，即在「海空聯運」對於產業未來的國際性，以田尾和彰化、板橋高鐵站……等高鐵站前，便利區域運輸，適宜為在地的人居住的生活便利性提升；但是桃園航空城在上述所提及，未來政府施政藍圖構建完成，預期會變成一個產業鏈區塊。

　　願景產業帶來優化企業，最後產生群聚效應，進而帶動了房產供需，完成一個國際都市的願景，大公設、免關稅，都是優化發展很重要的目標；一個產業和房地產的發展，產業做好，對在地的房地產加分。就業、就學、就養、居住、商業需求提升，價格就會水漲船高。

　　為因應海空聯運的推動，航空城執行跟發展迅速，疫情已經從 2020 年至今，與因應國際局勢的變化，政府快速祭出重要配套方案，且 2021~2025 年開始動作頻頻，「桃園航空城計畫區段徵收工程」將進入招標階段。根據桃園市政府指出，航空城歷經 10 餘年前置作業，將劃分為 10 項分標工程開發，總工程經費達 576 億，全案預計於 3 月上網公告，

預計 11 月進行優先開發區施工，非優先區則預計
於 2024 年 11 月動工，桃園航空城即將起飛。

智慧航空城是亞洲矽谷的前哨站

　　後疫情時代，桃園市鄭文燦市長指出，期待台灣可以掌握供應鏈重組，讓整體產業供需增加。對台灣來說，機場不是只有飛機起落的地區，而是帶動國家經濟力以及競爭，「智慧航空城則是機場經濟學的後盾，奠基台灣未來的經濟力。」根據桃園航空城資料分析，目前桃園產業供應鏈完整，工業產值1年近3兆元，且500大製造業中超過3分之1的企業選擇落腳桃園，成為推動「亞洲・矽谷計畫」的沃土。

　　市府深具信心的表示，除了航空城六大產業：航太維修、倉儲物流、綠能產業、智慧車輛、生技醫療及雲端產業未來發展性高；再加上青埔身為「智慧城市」示範基地，成為「亞洲矽谷計畫」首選。

　　台灣房屋航空城直營門市徐國強店長分析，每一個高鐵都是發展延伸的中心，如何把這個產業園區，桃園航空城推升類似矽谷的地位就是關鍵，產業鏈的發展，讓群聚效應發酵，一開始建立起整體的格局，例如：廠商的安置、配地規劃、動線調整。就各方面來講，提供怎麼樣的工作性質，讓整個產業鏈發光。成功案例來說：林口華亞科技園區就做得很漂亮，高淨利，大面積的綠地住宅，規劃

也是低密度住宅，等於綠地占比高，美化園區以及居住環境，最後可以保留下游濕地，打破過去大家對於工業區生活圈印象，打造更有質感的國際級宜居都市。

為何桃園具「亞矽創新研發中心」優勢呢？主要交通要素支撐，目前正由桃園航空城公司規劃興建中，預計將有 3 萬多坪空間，並邀請思科等國際大廠入駐。結合亞矽與航空城計畫，整合國內物聯網創新能量，盼能打造成為桃園版的軟體園區。進一步，透過連結附近的虎頭山自駕車實驗場域、楊梅的馬達矽谷計畫、交大青埔校區、桃園會展中心等，推動物聯網、人工智慧、大數據、工業 4.0 智慧製造等產業別於桃園落地，未來也將成為人才、

技術、資金和資訊匯流重要平台。

房地產在未來漲幅價格帶上，我們發現十年前南港科技園區，一開始也是荒地一片，在南港科技園區沿線捷運開通之後，大直以及美麗華一帶成了豪宅聚落，也是 5~6 年的光景，所以，如果桃園航空城的生活圈規劃完善的話，青埔地區及周邊住宅區可能成為下一個大直豪宅聚落。

航空城的發展可期，「安全建置」也是產業、企業主在選擇佈局的一個重要要素，經過 2020 年的全球疫情趨勢，如何選擇「安全的佈局」相當重要！試想，在現在變動因素下 (如：疫情、安全)，若海空聯運產業穩中求發展，在未來的建設中，拉掉了

變動因素，疫情回復平穩，桃園航空城將是全台各大建設發展中的重中之重，在此波的產業會做得好更上一層樓。

工業區重劃區新佈局，再創經濟奇蹟

　　過去在台灣曾經有波經濟奇蹟，至於，在台灣體質好的狀況下，有沒有機會再造就另外一個經濟奇蹟？**台灣房屋楊明直營門市沈文有店長**認為，不只是說經濟奇蹟來形容，而是全面性的建設提升，回溯產業鏈的變化，極少機率會再回頭做加工產業鏈，故過去十年我們尋求的突破點，在此次衝擊下，企業回來台灣深耕，集思廣益可以精進佈局。

　　就過去的林口、內湖兩區，均已與過去十年的光景迥異，華亞科技園區跟以前的工業區有什麼不

一樣？現今我們看到就已經很大不同。在市容與市貌面來看，人們一開車到林口街頭以及三井 OUTLET 附近，大家都會説：「好舒服喔，是工業區嗎？不是耶，擺脫以前工業區給人家的感覺！」未來機場勢必也會擺脫過往給人家的印象，在我們去新加坡、香港過境的旅程中，最令人驚豔的是不少機場以及與精品百貨的結合。

國際級數位產業鏈，住宅發展同步升級

　　如果要談論起台灣的住宅發展，第一波絕對是人們對於居住功能的需求，因為有個地方可以窩，過去人們常說：「金窩，銀窩，先有自己的狗窩。」第二波的住宅需求已經進入，不是住宅本身，我們開始有了「千金買鄰」的觀念，不少人也會因為地段跟學區的好壞，而有「孟母三遷」的考量，住得好，不如區域好，多數人會先從公寓開始找住的地方，進入適合自己與家人的區域。

　　第三波，我們就會在相同的地段，希望可以

購入有電梯便利性的華廈，畢竟此時因為手邊有餘裕，有了地段，進一步可以挑選好的建築品質，房子本身也會具備了投資理財的價值感，消費者也會願意用較高價格來購置，相對抗跌。

第四波，當我們有了好地段、建築品質優良的房子，就會想要用有更為好的服務，例如：飯店式管理以及泳池、健身房……等多種公設。除此之外，對於住宅的需求也繼續升級，當然此時居住者也相對彰顯了個人的社會地位以及身份表彰，豪宅與華廈就有了價值不同的躍升。

在台灣住宅發展經歷了過去從第一波的平房、第二波的五層樓公寓，第三波的電梯大樓，到後來

第四波的具有物管、服務、公設的大樓、豪宅興起，隨著台灣在 2025 年即將邁入超高齡社會，台灣房地產正式邁向第五波「健康地產」時代，未來建築會因新的需求，而產生新的視野，與國際化接軌。

少子化以及高齡化已經是不爭的實際狀況，在台灣的人口結構上，我們發現 30~40 歲的中間世代，如果已經結婚生子，勢必在薪資結構上會背負著不少沉重壓力，就如《日經》報導，日本政府計劃從 2021 年 4 月起開始，將國家公務員的退休年齡延後 1 年，改為 61 歲退休。此後每兩年延後退休年齡 1 年，直到 2029 年就可改為 65 歲退休。台灣在 2020 年進入高齡社會（14% 超過 65 歲），預計 2025 年會

有 500 萬人口超過 65 歲，正式邁入超高齡社會，每 5 位人口，就有 1 位超過 65 歲，那麼健康地產勢必成為未來的剛性需求，怎麼說呢？

當中間世代很認真的工作，來滿足生活所需的一切房子、車子、孩子學費時，退休時又可以透過健康地產的「高端度假飯店型照護宅」，涵蓋了居家照護，可以透過更新穎的設備來察覺居住者的生活，還有度假時的環境，涵蓋了養生、溫泉、餐飲、醫學跟護理，這樣孩子是不是更無後顧之憂呢？居住者也可以讓自己的人生下半場，過得悠遊自在。

擁抱「樂齡橘世代」，讓大家未來展望更美

好；在一片群山環繞、美景相依的天藍綠樹擁抱
中，呼吸著清新空氣，晨起窗外聽聞蟲鳴鳥叫，四
季在窗外一一呈現，景緻如畫，偶有天氣變化，也
不用擔心身邊無子女可以噓寒問暖，只要一個簡單
的通知，就可以散步到健康醫學中心，讓自己安
心，也給自己的長壽一個祝福，而不是年長的壓
力，這才是人活到最後的美景，就在此一一實現。

60 億打造世界華人的幸福基地

　　這一切的構建完成，都來自台灣房屋彭培業總裁的初心，一個起心動念的種子。彭培業總裁回憶：在這個業界相當長的時間，時時刻刻我都樂在工作。我看見不同的時間，每個家庭的需要是不同的，早上趕著上班上學，中午冒出飯鍋打開的香氣，下午孩子回家，傍晚全家吃飯，就是這些不同的時間片段，構築了我們的人生，投入這個行業，我一直秉持著這樣的初心；我觀察了這個城市的經歷，我也去過很多地方，記得曾去過新北市的一個安養中心，在那兒待很久，看著那兒生活的長輩，我不禁想，

當我們年長之後，需要什麼樣的房子？需要什麼樣的照顧？那個 37 年的思索瞬間，我彷彿就是為了找到這樣的答案往前邁進，我們終於看到了健康地產的新時代正在開啟！台灣這片土地一定能夠發出璀璨的亮光！

身為房仲業的領頭羊，為台灣打造一個世界級的養生環境，一直是彭總裁肩負的使命與責任，為此初衷化為行動，遠赴北美和日本考察、觀摩了上百個高端健康養生中心，也深知國內目前銀髮住宅、安養中心、護理之家的發展瓶頸和抗性，有些地段不佳、空污嚴重、有些管理失序，難以全面符合長者需求。

台灣房屋集團超前部署，以 WHO 健康空氣品

質的國際級標準，嚴選素有「長壽之鄉」美譽的新竹縣關西鎮，採用世界級藍點計畫（Blue Zones）規格，投資開發，全台第一座五合一莊園式建築——「亞洲健康智慧園區」，低密度建築，比照日本億元級健康宅規劃，總開發金額 60 億元。

溫泉照護宅驚豔國際，建築結構最高標

　　亞洲健康智慧園區擁有近 6000 坪的寬闊基地，面對南山山巒景致，莊園內附有 42℃一級美人湯，區內的 PM2.5 均值為台灣的一半，周邊環境、氣候條件和基地規模超越國際養生宅的水準，並引進園藝療癒、健康養生課程，為首座的國際級高端養生溫泉度假莊園。

　　彭培業總裁強調，不僅注重建築結構、防水，更因應後疫情時代，重視通風與排氣等工程，台灣房屋堅守品質，全區多位專業建築師事務所，參與

規劃，全程專業管理系統化、標準化工程品質管理，以及參考頂級飯店設計，如此用心的莊園推出，絕對驚艷國際，令人引頸期待。

彭培業說，少子化與高齡化時代已經來臨，「尊嚴老化」、自主尊嚴，快樂且健康的環境與規劃是神聖的願景，當內在外在條件都已成熟，台灣房屋集團完成佈局，矢志為台灣打造世界華人的幸福基地，讓亞洲健康智慧園區，作為世界先進國家來台參訪的標竿，更讓台灣有一個國際級藍點長壽生活環境！

國際知名高端養生莊園一覽表（台灣房屋集團趨勢中心整理製表）

國家	養生莊園	氣候環境	護理醫療	特色價值
美國	帕羅奧圖 晨寧社區 Channing House	月均溫3~26度 年溫差約23度	長期照顧 漸進式護理	陽光充足 完善公設、休閒活動 及健康餐飲
	聖地亞哥 拉霍亞村 La Jolla Village	月均溫9~25 度 年溫差約16度	復健 護理 整體健康	陽光充足 一流設施 美食餐廳 多元學習 輔助生活服務 以高檔度假型態為主
加拿大	溫哥華 Granville Gardens 安養院	月均溫1~22度 年溫差約21度	24小時緊急 救援 個人健康諮 詢	健康飲食 休閒活動
	溫哥華 Arbutus Ridge 退休社區	月均溫-1~24度 年溫差約25度	無特殊訴求	陽光充足 住戶中至少1人逾50歲 休閒會館，運動及休閒組織
日本	東京都杉並區 三井浜田山公 園退休宅	基地面積約 1162坪 月均溫3~31度 年溫差近30 度	醫養合一 長期護理	完善公設 物業服務
	東京都世田谷 區グランクレ ール馬事公苑 大鐵西城	基地面積約 2357坪 月均溫2~31度 年溫差約29度	長期護理／ 家庭護理 生命顧問 護士每天24 小時值班	具有傳統風格美感的建築，如英國 的貴族別墅一樣 日常享受到健康的各種公共空間 東京頂級養生住宅之一
台灣	新竹關西 亞洲健康智慧 園區	基地面積約 6000坪 PM2.5均值常為 台灣的一半 月均溫17~32度 年溫差僅約15度	專業照護 隨需而醫 24小時護理 醫養合一	陽光充足 健康餐飲服務 擁有42℃一級美人湯 2500坪中庭園藝療癒 抗衰老預防中心預防失智相關課程

Chapter 3 購屋指南》三部曲

首購入手基礎概念，
5G新手上路，
準備好了嗎？

　　理財投資購屋有眉角！商圈先馳
得大紅點，智慧型模擬狀況，幫您想
好，大桃竹購屋這樣挑！

挑屋，為什麼要挑交通建設？

　　購屋的基本三大觀察，包含中央政策、地方建設、產品條件，在建設中交通建設是都市規劃的首要，購屋時一定要觀察環境需求，有了交通建設的加持，會有幾個抗跌的條件：第一，在交通建設還沒有到位的時候，可以先觀察不動產本身的條件是不是符合需求。第二、進而看交通建設未來有沒有補漲的空間。第三、過了十年後，如果要轉售，是不是有增值的價值。所以在挑選房子的時候，我們很多人都會先問問附近有什麼交通建設、政府重大建設已到位，房子除了本身，還有周邊環境條件產生之附加經濟效益，以符合「看得到、有人潮、有

榮景」的重要條件。

高鐵是台灣近幾十年來最重要的交通建設之一，帶來台灣一日生活圈。

台灣房屋高鐵領航直營門市彭成貴店長說道，青埔特區內目前有A17、A18、A19三個重要的捷運站，尤其桃園高鐵站附近生活機能強，國泰商務城、華泰名品城、IKEA家居生活館、XPARK水族館、青埔國小、以及國際五星級觀光旅館、桃園棒球場等到位；又銜接航空城未來開發的方向，台商回流有機會變成台商購置招待所、新據點、甚至台北桃園兩地的中繼站，當地建案很多，明日苑、聯上世界、城市遠見等等，都是地點不錯的新古屋社區。建案風格以美式華僑台商首選，名家設計，宮廷花

園氣派宅，豪華退縮車道等，價格帶落在1,500萬到
2,300萬，含公設約40~60坪。

一日商圈好處何在？月入 3~5 萬如何買好屋？

　　在桃園、中壢、內壢車站附近，猶如台北市的西門町，在鐵路沿線，走出火車站就緊連商圈、購物以及採買都很便利，5G 時代來臨，很多人更能隨時隨地透過手機處理工作事務，藉由搭乘火車點到點的通勤時間，短短一小時內，同時處理完手上公事，就可以採買走路回家，讓上班族可以免去開車、停車的疲累，在火車上好好的休息，一日商圈的通勤族蔚為風潮，桃園市現在人口大量移入，食衣住行娛樂產業興起也可以在桃園就業，擁有窩、找到新生活。

畢業年	年	總計			博士	碩士			學士			專科		
		合計	日間	進修	日間	合計	日間	進修	合計	日間	進修	合計	日間	進修
106年	107年7月底	33,033	31,851	36,857	69,292	48,625	43,752	61,371	29,750	29,273	31,503	30,516	29,892	31,307
	108年7月底	36,072	35,416	38,499	72,232	50,487	47,209	63,330	32,367	32,124	33,310	32,977	33,132	32,690
	109年7月底	38,945	38,685	40,024	75,639	53,419	50,449	65,064	35,742	35,934	34,892	35,007	35,573	33,702
107年	108年7月底	34,297	33,265	37,772	69,145	49,265	45,026	62,556	30,632	30,234	32,091	31,388	31,132	31,742
	109年7月底	37,120	36,531	39,331	71,448	51,907	48,717	64,170	33,344	33,203	33,898	33,532	33,808	32,959
108年	109年7月底	35,912	35,115	38,649	70,395	50,158	46,760	61,883	32,025	31,758	32,989	31,785	31,399	32,369

註：
1. 年：時間點為各年約7月。
2. 人數指勞保人數。
3. 10人以下之勞退平均工資以符號D表示。
4. 全時勞退平均工資低於基本工資以下者，為勞工因故請假、留職停薪或未提供勞務期間，僱主得低於基本工資為其投保。

（資料來源：勞動部網站）

　　剛畢業沒多久，工作一兩年薪水不高的小資族，面對生活開銷、房租、通勤交通費繳一繳，手頭資金剩沒多少。通勤族在所得的分配上，根據勞動部最新 2021 年 3 月畢業生全職薪資統計表發現，

如果以一個學士畢業生，在 109 年底，32,000 元的薪資，每個月要扣掉約 5,000 元的通勤費（捷運費用＊上班天數），生活開銷約 10,000 元（水電餐費）每個月還有 15,000 元上下。

目前桃園火車站周邊小套房、老公寓，約 350萬上下，租不如買，繳掉頭期約 70 萬，如果 30 年的貸款，每月貸款約 10,000 上下。如果是碩士畢業生，薪資起跳約 4、5 萬元上下，更可縮短達成目標的時間。

一個上班族如果月薪不高，卻想要快速的存下第一間房子，可以考慮中壢火車站商圈附近，將自己平日生活的開銷降低，交通費精算，用時間換取

空間。中壢區站前商圈可延到中平路、中正路、延平路、復興路、大同路、建國路等，整個商圈有數百家店組成，從服飾、精品銀飾到零食、美食，都可以在站前商圈得到滿足。

首購族的理財準備有哪些？

　　在低利率時代，「租不如買」，相較過去，現代的房貸利率來到相當低點，只有 1 點多 %。很多人因為想要擁有自己的房子、或是成家後想要換屋，會先採取租屋的方式，以平均最近租金行情來説，**台灣房屋楊梅四維直營門市楊佩蓉店長**分析，如果雙薪家庭兩個人有六萬元收入，每個月租三房兩廳含車位約 1.5~2 萬元支出，可考慮的區域有很多，舉例來説：在桃園楊梅前後站，很多街廓完整而且生活機能便利，首購族不一定要買新成屋，可以考慮總價 400 萬上下，屋齡在 5~10 年的房子，讓自己先存下第一間房。

台灣房屋埔心二直營門市何淑媚店長指出，近年來五楊高架的開通，讓過去以鐵路動線為主的楊梅地區，注入活水，由於楊梅地區的工業區相當多，工作需求與人力充足，因此不少企業主也看好楊梅的既有優勢入駐在學區上，在學區方面也相當推薦陽光國小以及雙語的瑞塘國小，畢竟未來英文能力是重要接軌趨勢，**台灣房屋埔心一直營門市嚴正中店長**表示，**附近很多成屋，屋齡也很新，都是很好的選擇**，在瑞塘國小附近有協和星視界、協和涵美、文心硯、和毅璞玉、益展學苑、宜城華府DC、宜城雙橡園……。在陽光國小附近有美居上景、櫻花博、舞揚一綻、陽光學園、登峰、高誠好時代……，家長如果可以選擇子女在國小開始適應雙語教學，念好學校，又住到好房子，一舉兩得，

相當划算。

台灣房屋經國特區直營門市王肇麒店長表示，
2021 年首購熱門社區集中於經國路段上，如「經國
麗品」、「璀璨經國」、「巴黎富邑」等社區，均價每
坪約 20~25 萬元，兩房含車位總價 600~800 萬元；三
房含車位總價落在千萬元。除此之外，仍有 2 字頭
低價社區，屋齡落在 20~25 年區間，以量販店一旁
的「全球家 ok」社區，均價 18~21 萬元，依照屋況
影響價格。

若拉到新竹地區來看，緊鄰竹北市的新豐鄉與
湖口鄉 1 字頭的房價優勢，相當適合首購者，加上
台 1 線替代道路計畫將讓湖口、新豐、竹北、新竹

市交通獲得大幅改善，以及湖口一帶工業群，如：湖口工業區、新開發的鳳山工業區，有 6.6 萬多的勞動人口，有效帶動了附近住宅市場的需求，吸引不少竹北客至此置產。

台灣房屋湖口直營門市范國斌店長表示，竹北市房價節節高升，加上新湖口開發飽和，湖口與竹科僅相距兩個交流道，大概 30~40 分內可達，但房價卻遠低於竹北，因此湖口房市對竹北和新竹客群有相當吸引力，間接帶動王爺壟重劃區崛起。

在首購的部分許多金融機構皆有提供相關的優惠貸款方案能參考，相對於自住盤的客層來説，亦能減輕家庭每月負擔，同時也擁有不動產不失為兩全的好方式。

頂客族的精緻生活圈

近年來，從「有否停車位」成為普遍的購屋需求要件，不難發現現代人消費的習慣是「左擁右抱」，先擁有一部車，再抱有一間房，有車、有房，就等於有了鍍金的生活水平，也不見得會想要結婚、生孩子！頂客族在已開發國家，更重視生活圈的文化品質。

桃園中壢 SOGO 海華商圈一帶，不少餐酒館、精品咖啡林立、儼然是桃園的小東區，白天不少貴婦在 SOGO 商圈消費，享受午茶；夜晚來臨的時候，

夫妻兩個人下了班，也可以找一間氣氛不錯的居酒屋，不論是與朋友閒聊、還是客戶的商務聚餐，都相當便利，成為了頂客族、不婚族的黃金精緻生活圈。

台灣房屋海華直營門市黃啟東店長表示，千金買鄰，不少企業主、外商主管、空姐、空少都會在此購屋、租屋，例如：大小坪數物件齊全的海華國際之星，以及小坪數眾多的海華國際會館，擁知名建設公司品牌與外觀新穎，優越的地段，幾乎成為高雙薪頂客族的新地標。

竹北光明商圈附近，以餐飲業為大宗，鄰近新竹科學園區與高鐵車站，各式造型新穎餐廳林立，為光明一路增添許多異國風情，各路饕客遊新竹的

首選之處，亦是新竹地區頂客族享受生活的首選區域之一。

幸福五口長青樂活區怎麼挑？

在這一波後疫情的影響下，大家對於親情以及人際備感珍惜，不少早年外出工作孩子選擇與父母同住，五口之家互相照料起居，此時，林口長庚龜山區成為首選，醫療優勢、捷運便利性，以及高綠覆率的公園綠地，視野寬闊，適合晨起運動的年長族群們。

台灣房屋長庚捷運直營門市徐大海店長就指出位於桃園機場捷運 A8 站，林口長庚醫院對面的環球購物中心 Global Mall A8，內有福容大飯店，提

供住宿、會議、婚宴場所之外，購物中心裡面進駐大型連鎖品牌，例如：全聯、屈臣氏、大創等等，可以方便週邊居民採購、還有不少 SPA 養生會館、長庚生醫……等，中間設有空橋直接通到長庚醫院院區，簡直是醫護人員的後花園。

長庚醫院的行政區屬桃園龜山，搭有緊鄰新北林口的優勢，在 2017 年機場捷運開通後，附近形成了以醫院以及尖端醫療園區為核心的聚落，緊鄰醫院的復興一路以及文化二、三路為範圍，備齊了生活機能以及醫療兩大優勢，幾乎每年都有不少家庭遷入，新舊建案交錯，不論是闔家一起居住的三代同堂，還是退休的醫療規劃，都相當受到長青樂活族的喜愛。

學區優勢還有嗎？孩子教育費用怎麼省？

　　懂得理財的家長，從幼稚園開始到中學，精算教育成本，十年省下一間小套房。

　　台灣房屋龜山萬壽直營門市陳寶妹店長表示，過去的學區多提到租屋市場與講究菁英教育的人文學風，一直具備抗跌的優勢，在少子化的衝擊下，學區優勢並沒有降低，而且有了不同的選擇。例如：在大有路上從幼稚園開始，有桃園市大有非營利幼兒園、大有國小具有英文演講培訓、大有國中具備智慧型教室，現在的公立學校從幼稚園三年、國小六年到國中三年，如果都是就讀公立學校的話，與

私立學校相較之下，每學期可以省下約 10~15 萬，十二年下來可以省下約 120~180 萬上下，加上家長接送的時間成本，從北部來購買的客戶都説，過去的學區，除了名校學風外，未來的教育體制規劃，更是父母們重視的層面。

當精省教育費後，相對地，也要精省「食衣住行育樂」裡的育樂費用，「小檜溪暨埔子自辦市地重劃區」簡稱小檜溪重劃區，有南崁溪、東門溪流經，被譽為青溪特區，不少人喜愛假日可以騎腳踏車到附近虎頭山奧爾森林學堂（註：桃園著名森林親子旅遊園區），以及五大清水公園慢活，一路可飽覽水岸綠意，加上河濱公園，以及朝陽森林公園、三民運動公園等，整體綠覆率極高，且近 JC

PARK 食尚廣場，健身房……等，附近與桃園車站商圈為鄰，周邊就有遠百、統領、新光站前與大有店等 4 間百貨公司，整體商圈居住人口除了上班族群，也有很多創業族群，具備開創型學區以及美國加拿大學校的優勢特質。

（圖片來源：桃園旅遊網站）

公園宅、河岸宅、學區宅、名校宅
長期差異在哪？

　　羨慕倫敦泰唔士畔的優美景緻？還是想徜徉在巴黎塞納河畔享受陽光美景？國外的水岸景色令人著迷，在桃園新竹也同樣能找到河岸住宅，高樓層景觀一直都在不動產中，具有跟寶石一樣珍貴的稀缺性，面河、面公園的景觀可能只佔整個社區較為稀少的戶數，也是因為這樣，預售屋在一開始的時候，就會被少數人訂購一空，因此，常常在一些新開發的重劃區中，成為一戶難求的狀態。例如：桃園中壢青塘園、橫山書法公園、老街溪以及南崁溪河畔等前第一排的景觀宅，是不少醫生、富豪想要

入住的豪邸。

　　而在新竹市的關新公園、龍山公園、長春公園、關埔公園、日光公園、北新公園一帶，更讓人聯想到英國的海德公園、美國慾望城市影集裡，作家在中央公園旁的小套房，一早起來，面對公園的樹海，思緒清晰，享受晨起的運動生活，也讓這些地區的公園旁第一排，成為了很多頂客、富豪、甚至退休族群的優選；風景優美的竹北興隆路水岸、水圳森林公園、靜心湖……等，不論是新成屋、或是中古屋，依然都有人為了美景而願意購入，價格一直居高不下，成為了近幾年不動產保值上的價格保證。換言之，若興建在公園、溪水第一排的社區，未來將具備永久棟距的公園或水岸天然景觀，為房價加持保值。

挑對 location，搞懂新成屋、中古保值屋、預售屋，如何配置？看準區域優勢，善用第一桶金。

　　我們就「新成屋」「中古保值屋」「預售屋」來分析一下，什麼是中古屋？指經過一次以上轉手買賣、或興建完工領取使用執照超過三年以上的房屋。什麼是預售屋？預售屋是指領有建造執照、尚未建造完成，而以將來完成之建築物為交易的標的，通常需要等待 2~4 年施工期。什麼是新成屋？指竣工完成日後，一年內未經居住的成屋。

　　我們以前都說地點很重要，如果是在信義區、大安區可以有一間房子收租，現在不知道該有多好？穩穩地一間房就是財富象徵，但是機會也是很

重要的，買房子的時候，當然希望location好，需要做功課，先把想要的區域畫出來，在區域中找到好的區位、好的產品，此外，進場的機會跟持有時間也是很重要的！

例如：預售屋，我們談到機會，就是進場的「機會」，以及我們想要持有多久的「時間」，最後就是指貸款利率，應該付的「利息」成本。

台灣房屋中平國際直營門市陳謙仁店長表示，進場的時間常常會影響購買的價格，例如在一個重劃區還沒有成形前就買入，例如：中路重劃區的預售屋，那麼除了可以挑區位，還能依喜好客變，但卻需要時間來等待，尤其房地合一稅 2.0 政策的實施後，更為明顯。

但是隨著建設計畫逐步落實，配合景氣向上趨勢，通常預售市場價格就會屢創新高，這時，反而可以挑選一些新成屋、中古屋，相對實惠，尤其選到符合自己需求的裝潢，更可以省下一筆費用。

另外，中古屋位置常常是比較早開發的地方，尤其是早期開發的重劃區，往往區位都非常好，人口移入後，生活機能也強，房價穩定，都是購屋族穩紮穩打的地方。

台灣房屋八德直營門市朱美惠店長表示，第一桶金往往就是要買「穩定」。在中古保值屋來說，要看什麼？就是觀察附近有沒有已經到位的生活機能，或是交通動線，例如：桃園八德廣豐新天地商圈、桃園南崁台茂購物廣場商圈、都已經有很不錯

的生活機能，例如：傳統市場、以及影城、百貨、美術館…等，是屬於較為「大眾化」且「生活必需」的條件，附近的中古屋就相當保值，均是相當值得購屋者考量的區域。

台灣房屋新竹直營門市陳宏銘店長提到，新竹部分尚有新竹巨城商圈、竹北大遠百影城商圈等，同樣是具有如此特質的商圈！

台灣房屋北大直營門市林祥智店長說道，巨城購物中心，近於湳雅大潤發商圈，區內生活機能強且相當完善，食衣住行育樂等均得以滿足等，以2021年為主，屋齡在10年內，均價約在25~30萬元；屋齡在10-20年，均價約在20~25萬元；屋齡在20年以上，均價每坪約18~22萬元。

另外，**台灣房屋新竹經國直營門市陳嘉諭店長**表示，近新竹大遠百商圈，應有盡有，也是不錯的選擇區域！

此外，發現八德區公所擴大重劃區，伴有舊商圈與重大建設的區域，密密麻麻的新舊商圈交錯，近期發展迅速。**台灣房屋八德興豐直營門市崔文翔店長**指出，過去八德給人家的感覺是桃園的後門，但在重劃區陸續完成、新北捷運三鶯線、桃園捷運綠線第一站陸續動工下，八德儼然變成桃園的大門，目前房價相對較低，單價二十出頭產品很多，當地產業多、就業機會也多，在廣豐商圈飽和的情況下，八德區公所擴大重劃區，規劃完整、道路寬廣，一定是未來的明日之星。

自住又保值，挑對生活便利區，潛在價值 UP UP！

過去新竹市以及竹北一直都是科技人才聚集的密集區，也因為此區的居住人口薪資結構以及工作屬性都較為平均，所以不論在薪資結構、消費能力上，讓竹北台科大重劃區、新竹高鐵特區以及台元科技園區……等等的生活結構有所支撐，是高階人才的聚落，也有「台灣小矽谷」的稱號，**台灣房屋竹北文化直營門市陳燡竺店長**分享，整個竹北人的生活方式簡單，大部分人所得薪資較為平均，在學經歷上跟消費習慣上很一致，多數人可能白天在公司上班，晚上就到光明商圈飲食，生活簡單，沒有

複雜的變動性，商業活動因應生活型態改變，在光明一路大型賣場、百貨公司、美甲美容業林立，停車場方便；挑對了生活便利區，就可以同時擁有工作升遷、房子也升值的雙重優勢。

在育樂與產業發展部分，位於光明六路東二段的世興運動公園，內有壘球場、自行車道及草地，加上水圳森林公園，近期在交通上，高鐵橋下聯絡道延伸至竹科新闢工程第 3 期開工，預計 2023 年 6 月底完工，交通將更為便利。當然竹科 10 年有近 10 兆產值，奠定台灣矽谷地位，不僅如此，竹北市還有台元科技園區、生物醫學園區、國際 AI 智慧園區、以及台灣知識經濟旗艦園區（即璞玉計畫），近期還有新廠房動工、竹科管理局計畫興建第三生

技大樓，當產業發展陸續完成到位，也代表著新竹科技產業有更進一步的發展前景。

多數科技公司企業主管，喜歡的建案類型較為有特色，以「若合山」、「若蒔山」、「豐邑 TECH PARK」、「中悅一品花園」等高價案、豪宅案為主，近一年單價在每坪 35 萬元以上，若山系列成交逼近 5 字頭。但若是過了高鐵軌道東側、即高鐵後站區域，價格就親民許多，都可以住到時尚、舒適、科技感十足的生活模式！

為什麼大家總說買房投資是長線投資？ 短線可以怎麼規劃？

　　很多人認為，羅馬不是一天建成的，地段價值也不是一年就可以完全呈現的，所以千萬要做功課，要深入了解政府建設的規畫藍圖、產業發展趨勢，預測房子所在區域的未來發展性。桃園市是國門之都，吸引不少產業進駐投資，而在桃園中正藝文特區更是桃園中央商業區；2009 年自桃園展演中心開幕至今，保時捷展售中心、有機蔬食餐廳、異國風情餐廳，以及知名店家春水堂、星巴克入駐，反映出居住人口的素質，以買房買鄰的觀點，具備長線居住保值的價值。

　　大家都說買房投資要看長線，然而在短線上我們可以做換屋的規劃；

　　買屋購屋的短中長期規劃，則有以下的建議，**台灣房屋桃園南平直營門市饒文華店長**認為，短期的財務規劃必須先從儲蓄開始，如果年輕人剛出社會不一定要先買車，倒是可以先拿頭期買房，以便利的交通動線，如：公車、捷運代步，購入第一間自住的兩房房型後，再慢慢從小夫妻雙薪付房貸，能力會較為寬裕，然後存到一筆錢之後，再考慮生孩子。

　　中期來說，當我們生活品質提升，建議要換屋擴大資產部位，例如，30~40坪的公寓，「在能力許可的範圍，讓家人過好日子。」**如果是薪資較**

為穩定，則推薦社區中悅春天廣場一帶，店長也建議，薪資穩定成長的中高階主管，可以先購置兩房入場，增值之後補差額，再換三房、四房房型，畢竟現下不少人儲蓄行為改變，可以由「先存第一間房」，再考慮要出租或者轉換三房房型，未來藝文園區可再做中壯年的理財規劃。

在退休換屋部份，**台灣房屋經國直營門市劉元振店長**提及，對於屆齡退休，桃園市政府對於老人福利，名列前茅，更是退休換屋的好選擇，也可以選擇 2 房的產品 700 萬左右，大樓新、管理完善、有電梯、離醫療院所近（敏盛醫院），賣掉雙北的房子，手上還有資金可以做為退休醫療、休閒運用，大大提升生活品質。

Chapter 4 購屋指南》四部曲

保值？投資？退休？
您安排好了嗎？

　　保值抗跌自「住」天「助」，紅點
商圈各大宅型介紹。

保值？投資？退休？您安排好了嗎？

　　規劃完善的重劃區、交通便捷的生活商圈，人只會越住越多，能釋出的好產品越來越少，挑選這樣的房子，讓你安心居住，長期保值！

　　台灣房屋平鎮中豐直營門市嚴玉芳店長説，早年的人常説一間好房子、好店面是可傳三代，現在也許觀念隨著交通、產業逐步的發展漸漸淡化，但是買對一間房子，不論是自住、投資、出售都有很大的優勢。所以好的房子除了好的建材、好的交通便利性，當然未來也要有規劃良善的生活機能，以及附近的環境需求。然而，環境是最得天獨厚的條件，一塊土地上，他原本就有豐富的山林水地，什麼樣的生態孕育，依山傍水的南崁，過去也曾是不少風水師傅推薦的好居所。此外，桃園區域內有桃園平原、丘陵、大池、南崁溪、老街溪……等，構

成不少美麗的地景，新竹市1711年建城，是北台灣
最早建立的都市；新竹縣古都市容擁抱新產業科學
園區，代表國際、現代與科技，一市一縣古新交
錯，爆發台灣新力量，高鐵、一高、二高、五楊、
縣道，將桃竹雙城，從傳產、科技、古都，串成北
台灣都會區的新亮點，而現代的桃竹，相較於北部
的盆地、中部的平原，在這二區，不少都市規劃師
都善盡地利之優勢，配合產業、建設，打造出最適
合人口居住的不同生活圈。

　　在交通、科技、產業、政策帶動下，桃園新竹
湧入大量居住人潮，進而在人潮眾多的小眾分流需
求下，分佈出「公園宅」、「河岸宅」、「科技
人」、「企業主聚落」……等，紅點商圈的成型。

在每一商圈中，都有人口同質趨勢、生活消費方式、飲食習慣、交通動線的需求評估跟考慮，才能達到久居以及傳承的美意。購屋絕非短期收益，而是懂得在自住、自用的同時，還有機會達成保值、增值，在繳付貸款的過程中，存房也存錢，豐富人生下半場，甚至創造鉅富人生。

根據經濟日報採訪中指出，中央大學經濟發展研究中心，2021 年一月發佈消費者信心指數（CCI）為 71.98，較去年上升為 1.08。其中調查的「購買房地產時機」信心指數 115.65，較 2020 年十二月上升 0.85，指數超過 100 屬於偏向樂觀，1 月六項分項指標中，四項上升，包括物價水準、就業機會、投資股市時機、購買耐久財，對於房地產市場的波段變

動，以及政府打房法令的相對應變，消費者依然相對有信心，不動產怎麼買？什麼是適合自己長年居住、又能保值、增值，從紅點商圈介紹開始篩選！

公園宅結合生態教育夯

═══ 紅點商圈區域介紹──【公園宅】═══

　　大有梯田生態公園、青塘園、風禾公園、光明公園、新勢公園、埔頂公園、水圳森林公園、竹北運動公園、世興運動公園、關新公園、關埔公園

　　根據桃園市政府工務局統計，特色遊戲場、寵物以及埤塘為主軸的公園，多達 60 多座以上，至於大新竹地區，以新竹縣政府工務局表示，新竹縣有遊樂設施的公園 85 座、新竹市政府約有 14 座，

其他小型公園綠地不計其數。面公園第一排，以及公園宅的優勢是什麼？伴隨少子化以及網路創業族群的增加，兼具生活以及休閒的公園宅，每日可以在一片綠意中醒來，假日可以偕同親子在公園運動聊天。

台灣房屋大有旗艦直營門市凌嘉妍店長提及，大有梯田生態公園，為極限體能王親子版公園，低、壯齡鋼軌滑索、盪鞦韆、磨石子溜滑梯等，除此之外亦適合三代同堂共同使用，有體健設施、吊床及吊椅休憩區等，夜晚還有戶外蚊子電影院、音樂劇場、活動餐車等規劃，近年來，顛覆傳統教育，不少家長以及購屋者更重視的是走出教室之外，國際上形成新學習風潮，戶外教育更能呼應未

來教育需求，台灣也正搭上這波國際趨勢，讓孩子重拾好奇心，在戶外生態冒險、實驗中，用體驗教育找回生命價值。小檜溪重劃區附近，有桃園虎頭山公園，是桃園非常知名的風景區，也是桃園人的後花園。裡頭包含生態景觀區、多條森林賞景步道、經國梅園、觀景台及新設立的奧爾森林學堂。

台灣房屋北龍直營門市黃雙鳳店長，龍潭渴望園區的諾瓦小學，也是戶外教育的著名地點，在渴望園區位於桃園市龍潭區高原村及三和村海拔 198~303 公尺的銅鑼圈平坦台地上，因為自然保育區約 33%，環境設計以保留原地形地貌為主，並且配合自然生態利用起伏較大的特色，教室為梯田式建築，且內有綠建築校舍，採用透光性的天井跟玻

璃設計，讓孩子教室採光充足，屋頂上的植被提供學生的室內調節，每一間教室都有 180 度的自然景觀，教學與自然融為一體，是全國第一所 BOT 的私立小學，有如花蓮西寶國小，南投的森林小學般的美麗校舍，校地據稱足有五公頃，深受家長們喜愛。未來國道三號增設的高原交流道相當便民，可連結至渴望園區、六福村及小人國，對於龍潭產業區塊發展影響大。

此外，還有還有溫室體驗區，讓孩子可以享受自己種植果實與記錄溫室果實，學習變成了一種愉快又開心的活動，具有相當於內湖的優勢，主要是以「生活環境」為客層選擇此區的評估標準；在渴望園區一帶，猶如早期的內湖山莊，不少退休

公教人員、補教名師、企業主，看準了群山環繞的優勢，購入獨棟、雙拼別墅，作為教育訓練場所，以及野外訓練的極佳場地，也因為跳脫了龍潭過去給人房價不高的印象，此區房價要看別墅的占地大小，落在每棟1,500~2,200萬之間，甚至有4,000萬的開價，詢問度並未因價高而有所減少。

台灣房屋龍潭中正直營門市陳建維店長表示，在此區的住戶屬性單純，有企業主、也有中科院的人員們，以理財觀點來說，如果購入這樣的物件，可以貸到七成，自備款約660萬，在交通跟綜合環境的考量下，理財上，屬於未來長線佈局的考量。桃園市龍潭區建國路123巷一帶，具有內需人潮支撐，不少商家林立，過去有雲南美食節，相當具有文創市集特色，租金價格約兩萬上下，近年來開店

人口年齡有下降的趨勢，例如門檻較低的馬祖新村手搖飲，也陸續進入此區。

青埔地區之「青塘園」週邊房價一直都比區域行情高，可謂是桃園的大安森林公園！中壢區青埔的「青塘園」擁有綠地與親水生態，及水岸景色，吸引不少外籍人士來此居住，其中不乏有機師、空姐或是航空業與物流業從業人員到此購屋，也有不少教育理念相仿的人，相當嚮往國外的生態教育而聚集在此。

同時在新竹，也有這樣的生態公園，如：竹北市高鐵新竹站附近的水圳森林公園，也具有這樣的環境特質，每到假日不少家長帶著孩子欣賞自然的

鳥類生態、植栽，關新公園、關埔公園……等，周邊房價都相當受家長的青睞；在運動方面，竹北運動公園設施眾多，而南寮運動公園的超大山丘磨石溜滑梯，鳥巢鞦韆、翹翹板、繩索搖床及大型旋轉盤等特色設施。

世興空氣淨化公園則是竹北相當受歡迎的公園，主要因面積遼闊，佔地約1.9萬坪，有壘球場、自行車道等，位於光明六路東二段、嘉祥五街、嘉祥六街及東興路所包圍的區域，附近多為豪宅或高價建案，住戶們，熱愛戶外運動，此區也是假日親子活動的舉辦場所，高鐵重劃區中難得的大面積運動公園，每到假日不少家庭在此處運動休閒，重視工作的竹科人，也有了放鬆身心的區域。

富人聚落地段結合氛圍

紅點商圈區域介紹——【富人聚落】

中正藝文特區、林口長庚、喜來登商圈、關埔重劃區、南崁商圈、桃園高鐵重劃區、中壢海華商圈、台元科技園區、新竹高鐵站

「聚落」一詞即英文所稱之「Human Settlement」，泛指滿足人的基本需求，進而有定居行為、居住環境的空間分布及形式，以及特定社群等；也因為居住者社會經濟地位的不同，衍生而成了特殊的

「富人聚落」，如：高所得、企業主、經濟能力較佳的人們。因消費習慣以及住宅環境的所需不同，在居住地區的分佈上，也形成了不同的生活圈。

▶▶中正藝文好地段，重視環境氛圍

猶如走在東京都最重要的商業區——銀座，在街頭高級品牌店、百貨店、老店……等新舊店面重疊，鄰近藝文活動、商業交流也相當密集。不少企業主午後餐敘，就像置身東京美術館旁的六本木咖啡廳，一邊聊著重要的政經產消息，一邊品嚐到精品手沖咖啡的氣味，展演中心旁也成為了中正藝文特區最精華的區塊。

來到中正藝文特區，在最大地標——桃園展演

中心延伸的南平路、新埔六街、大興西路的商圈範圍，匯聚國內外精品購物，台式熱炒、美式漢堡、日式烤物、韓味炒年糕、泰式桌菜、法式料理……精緻美食等，街道壯闊優美，彷彿走在日本的銀座街頭，時尚與流行與世界接軌。同德五街上的新興美食地標——「中茂新天地」，除了有高檔超市JASONS，更引進老乾杯、滿堂紅等高級餐廳進駐，打造頂級食饗。此外還有專為家中寶貝打造的親子主題餐廳，球池、模型等超多樣的遊樂設施，凝聚孩子歡樂氣氛，貴婦名媛享受放鬆心情。如果想稍遠離嘈雜的逛街人潮，鑽進巷弄內的獨立咖啡廳，放空午後閒情樂趣多。

台灣房屋中正藝文直營門市郭榛溙店長分享，

藝文園區為三師（律師、會計師以及教師）、醫生文教富商精緻區域，內有高級餐廳林立、保時捷展售中心，推薦建案為巴洛克風格宅。然而企業主聚落，多為商業富豪、醫生、醫美入駐，千金買房萬金買鄰，首重人脈以及居住氛圍，集中在中悅、昭揚建設 130~200 坪，特別挑選捷運沿線，如同享有銀座、六本木的上下班氛圍，住在藝文園區就像住在日本東京。**台灣房屋莊敬直營門市曹以新店長**表示，藝文特區內少有老舊公寓，棟距以及退縮車道，街廓相當乾淨漂亮；且圍繞著藝文特區，與其它區域相較價格也相對親民。北市不少約 50~60 歲換屋族群，假設將北市大安區舊房轉售，手上約有 3,000~4,000 萬的資金，將老屋轉換為 2,000 萬擁有泳池、社區以及豪華公設的大樓，手上還可擁有上

千萬現金可以用，在理財規劃上，台北新北雙北換屋族，40 歲在人生規劃上也可以重新配置，孩子長大需要有自己的空間，可以換更大坪數，作為未來人生的規劃。

▶▶ 南崁台茂購物深受企業主喜愛

台灣房屋南崁奉化直營門市尤詩慧店長表示，過去多為桃園平原的南崁，本來是以農業為主。近二十年來因為鄰近桃園交流道（俗稱南崁交流道），加上地緣之便近桃園國際機場，蘆竹區的人口快速兩位數成長，其中大部分的人口增加歸功於南崁地區的快速發展，在台北盆地外圈，稀有珍貴的平原，經過許多知名建商（如：中悅、麗寶）於 1990

年代以來的不斷開發，台灣第一座綜合型購物中心台茂購物中心以及長榮航空總部皆位於南崁，是蘆竹區的行政、商業、工業重心。

　　台灣房屋台茂旗艦直營門市林正修店長分享，南崁在桃園市都市計畫工業區空間發展政策白皮書當中，早就列為優先轉型的發展地區，作為帶動「經國特區」全區發展火車頭。而且在促進產業轉型與再生計畫區為連結大台北都會區之重要節點，具有聯外交通便捷優勢，具備發展後勤產業、科技等相關支援性產業潛力。南崁的定位在創新研發、技術升級、全球運籌，引導科技相關產業進駐，也因此很多企業主喜歡購屋在上南崁，而將公司設在下南崁，企業主偕同家人在台茂購物中心、COSTCO

往來台北（民權東路商業區、松山航空站）僅需約30分鐘，聚集以汽車為主要通勤方式的人口，富人聚落成型，生活型態直逼南港科學園區附近的台北大直美麗華商圈。

台灣房屋南崁忠孝直營門市林廷宇店長指出，上、下南崁，因為交通跟建案的風格居住品味不同，也難以分軒輊，如：上南崁的腹地較大，建案風格多為巴洛克風，偏文教區且住宅區多，屋齡較老，平均屋齡約 17 年，根據 2021 年統計，20 年中古大樓單坪約 18 萬~22 萬，15 年左右物件單坪約26 萬~29 萬。下南崁則生活機能較好，更接近未來的捷運綠線，建案的風格較為時尚日系，屋齡較年輕，平均屋齡 10 至 15 年，有不少大型社區，以中

古電梯大樓來説，10 年內 2 房物件單坪約 28 萬元，10 年內 3 房產品約 26 萬～29 萬元，10～15 年的 3 房物件單坪約 23 萬～25 萬元。

➡️ 高鐵站前富豪投資最佳選擇

台灣房屋桃園高鐵直營門市林冠宇店長表示，當時為了整合土地相當不易，青埔與南崁有不同的居住品味，富人的需求往往伴隨著事業以及生活消費型態，例如，台灣高鐵站附近生活機能強，國泰置地廣場、華泰名品城、IKEA家居生活館、青埔國小、以及，COZZI桃園館（國泰觀光事業）、青埔棒球場……，在生活精緻度上，趨近於台北東區的新光三越、台北101的生活品味，加上與日本西武

控股旗下的株式會社橫濱八景島共同打造的水族館「XPARK」，更是日本水族館業者首度海外直營事業，可以想見日商對於青埔的看重與期待。

台灣房屋高鐵美術館直營門市梁寶玉店長說道，「桃園市立美術館」座落於青埔公十二、公十三公園，預計興建「市立美術館」及「兒童美術館」2棟建築物，兒童美術館預計 2022 年底完工、市立美術館預計 2023 年底竣工。由「石昭永建築師」設計，以獨特的山丘造型打造美術館外觀，更被譽為「藝術山丘」，其中包含箱空間、夾層空間，以及做為展演戶外平台的山丘三個層次的場景設計，巧妙將建物外觀及空間設計與公園地景融合。

另外設有輕食咖啡區、文創商店、藝術餐廳

等設施，而公十三的藝術廣場可規劃藝術街，舉辦藝術活動與民眾互動，透過靈活運用，讓民眾可自由親近藝術場館，成為桃市舉行藝術盛會的最佳舞台。

　　此外，未來銜接航空城，大批台商回流有機會，台商購置招待所，可以假日休閒、貴婦、企業家款待客戶餐敘或是體驗休閒藝術饗宴的所在。

　　在後疫情時代，企業不再侷限於經貿商業中心，所以不少富豪也開始享受起「半退休人生」，林口長庚生活圈，就俱有此優勢。在當年遠雄開始造鎮的時候，就已經有「見樹如見林」的卓越眼光，短短不到十年內，在各大生活建設方面，快速凌越了淡水新市鎮、新莊重劃區，在企業主聚落的

娛樂購物需求上，通通到位。

隨著號稱北台灣最大的 Outlet 的「林口三井 Outlet Park」開幕後，不論平假日都可以看見休閒娛樂的人潮，採購精品時尚、品嚐各國美食，甚至是走到二樓享受無邊際水池的宜人風景，都成為了林口人不可或缺的生活之一，更讓人興奮的是，三井 Outlet Park 將出現台灣第一座「林口國際媒體園區」，團隊以「整個園區就是一座超級攝影棚」為規劃理念，結合影視製作、影視體驗、影視學院及各項娛樂購物等綜合體。SET Studio Park 完成後，將成為國際影視產業的新典範。

台灣房屋長庚直營門市林士涵店長提到，不

少台商、企業主提及，過去台北都心因受限於都市規劃，所有的建築物格局無法因應目前的需求，有了 6.74 公頃的 Outlet，硬體增加了，軟體氛圍上更可以享有國外南國度假風格，不出國也像在蘇美島的優閒生活，從生活中感受南島氛圍，邊工作邊看著中庭隨著季節改變的裝置藝術活動，生活品質優選，莫不也是一種「企業戰士們」的浪漫。

➡ 高所得科技人品味生活高享受

桃園企業主眾多，新竹更重視品味；在新竹重要的「台元科技園區」周邊，裕隆集團旗下台元紡織與文生開發共同開發之科技園區，目前已是全台最大民間開發科技園區，是一為科技人造鎮的大型

聚落，吸引國內外人才們入駐，在園區第九期已於2020年11月開始動工，預計2023年Q1即可完工。因為交通方便，聯外道路有國道一號竹北交流道以及台一線，5分鐘上高速公路、15分鐘到達新竹科學園區，1小時內到桃園，台元科技園區到新竹高鐵站間，更有全天候免費接駁專車，大批高科技中階新貴比鄰而居。

台灣房屋竹北高鐵直營門市林合湧店長提到，「新竹高鐵站」商圈，因隨著新冠肺炎疫情上升，刺激台商回流投資的現況下，產業人才聚集新竹，不少國外企業總公司因為與竹科有生意往來，所以選擇新竹高鐵旁租設商辦設立分公司，商辦租金行情大漲，周邊套房也變斜槓創業工作室，電商小資

老闆聚集。

台灣房屋高鐵站前直營門市楊樹寶店長指出，高鐵附近暐順經貿大樓自 2016 年底試營運以來，因連結新竹高鐵站、台鐵六家站有空橋連接，加上竹科跟生物醫學園區加持，成為台北跟新竹科學園區的中樞站，樓下的餐廳隨時都是滿滿的國內外商務人士會晤，甚至連全球 NAND 快閃記憶體控制晶片領導品牌慧榮科技，也決定在高鐵新竹站旁設立企業總部，直線連接台北和新竹兩地同仁，拉高產業效率，便利內部會議溝通與聯繫，高科技高收入全球頂尖人才蜂擁而至，竹北將成為另一富人聚落。

當然有聚落，就有消費需求，喜來登商圈，是

高鐵站旁最多國際名品百貨跟貴婦下午茶的地點，不少人認為是新竹的小信義區。然而，另一受到企業主喜愛的就是關埔重劃區了，主要是因為交通上有國道一的新竹交流道、台 68 線快速道路以及台鐵捷運化的新莊車站，在好市多、迪卡農進駐後，加上靠近光復路商圈，食衣住行育樂生活機能便利性高。

名校宅提升國際競爭力

═══ 紅點商圈區域介紹──【名校宅】═══

推薦區域：桃竹地區名校頗多，有中央大學、中原大學、元智大學、銘傳大學、清華大學與陽明交通大學⋯⋯等

➡️ 國立中央大學提升國際競爭力

自 109 學年度開始，中央大學與清華大學、交通大學和陽明四校共組「台灣聯合大學系統」，一校註冊，即可享四校資源，中央大學有多項學科深

具國際競爭力，在地球科學、工程、材料、電腦科學、物理、化學、一般社會科學、臨床醫療等八大領域，進入美國科學資訊研究所（簡稱 ISI）的基本科學指標（簡稱 ESI）全球 Top 1%；此外，全國大專校院運動會，贏得各界一致肯定，田徑場、網球場和羽球場都已全面翻新，邁向國際賽事等級，加上今年底即將在校內完工的國民運動中心，運動設施完善，堪稱在全國數一數二。

台灣房屋中壢平鎮直營門市吳智忠店長表示，一個地區的學校未來性，領導了整個都市的人文方向，有了國立中央大學的加持，未來將吸引來自國內外重要的研究人才，也會提升城鎮居住人口的素質以及消費能力，猶如台科大、台大附近的羅斯福

路與公館校區類似，近年來從知名雙語教學幼兒園（如：福祿貝爾）、復旦國小、復旦高中、桃園文化國民小學、行政院環保署檢驗所都在附近，透過公共建設力量、優秀人才湧入，培育出人文薈萃的大學城生活商圈，移居這種生活圈，除了是環境的清幽，還會有很多意想不到的生活資源。

台灣房屋平鎮直營門市蘇凱炫店長說，中央大學多以獨棟別墅、日式農莊為主力，大坪數豪華別墅也是深受企業主們喜愛，價格約為 2,500~3,000 萬上下，近文化國小的全新透天總價約在 1,200~1,500 萬上下，**生活品質與便利兼具。**

▶▶創造出租兼自住投資區

全台各地的大學校園附近，多為出租學生及學校同仁自住，形成大學城人文生活圈。為什麼會有這樣的生活圈呢？因為大學四年都需要與學校活動、生活，緊密結合，不少父母更希望孩子可以節省通車時間，可以爭取多點念書跟研究的時間，不論是中原大學體育館、中原大學郵局，都成為了生活圈的一部分，此外，在中原大學內部，就有增設中原大學雲端租屋生活網（https://house.nfu.edu.tw/CYCU），租屋資料透明化，租金價格也可保持良性的競爭，不論是食衣住行的生活機能，也都較為親民，例如說：鄰近有知名的中原夜市，餐飲店家收費銅板價，讓學生外食也能吃得飽，在交通部份，

公車班次眾多，5~10分鐘可到中壢火車站。

　　中原大學前身為中原理工學院。創校之初設有物理、化學、化學工程、土木工程 4 個學系，在新中北路、中山東路以及環中東路，逐漸發展成中原大學生活圈，在地多年作育英才，也有不少校友皆為政府優秀單位職員，所以，校風相當優良，可以在附近看到學子三三兩兩討論研究所報告，平常生活也大多以討論課業為主，**台灣房屋環中直營門市楊湘君店長**表示，同樣在中壢後站商圈的健行科大，南亞技術學院一帶，租屋族群相當穩定，房東收租效益為佳。

　　台灣房屋中原直營門市吳淑芬店長指出，根據實價登錄價格，公寓每坪均價約為14~18萬上下，

而新成屋也來到了每坪價格20~25萬，有不少先見之明爸媽發現，如果孩子從大學入校到研究所畢業都在中原念書，不妨考慮置產，房租拿來繳房貸，六年後作為孩子個人的資產，倘若畢業後就近到附近的資策會、大型企業上班，不失為一個使用、存房兼具保值的好方法，而當初購入的不動產在孩子換屋時還能當成頭期款的來源之一，**台灣房屋牛埔直營門市曾振榮店長**表示，這樣的態樣在新竹清華大學、交通大學、中華大學、明新科大等等都能看見。

學區宅贏在養成起跑點

紅點商圈區域介紹──【學區宅】
推薦區域：限額國中小學校

▶▶美日德教育翻轉，學區贏在起跑點

相較 6、7 年級生的填鴨式教育，近年來，德國教育、美式自學教育翻轉，為了孩子贏在起跑點，家長們更重視環境教育優於師資及硬體配備。目前有許多區域已經無法滿足新世代父母們的需求，開始尋找更適合孩子的生長環境。隨著政策施行，據

桃園市政府教育局統計資料顯示，桃園市入學新生人數不斷暴增，107 學年度額滿需總量管制國民小學有 18 間，今年 9 月即將入學的新生人數仍持續增加，108 學年度實施總量管制小學已大增至 24 間，也就是，短短幾年間，就學的孩子們增加了約 10 多萬人。

當然因為居住重劃區，在家長的教育理念跟背景雷同，也會影響大家教育方針推動更有共識，相較於台北，桃園、新竹等地，更容易進行新改革的教育方式，能讓孩子在更有選擇的教育環境下生活，不少家長們都非常願意做出新的嘗試。

在桃園幾個特色小學中，均有不同的有趣活

動，例如：中壢「青埔高鐵特區」的青埔國小，融合航空城理念的外牆，相當美麗；「元生重劃區」的元生國小，在疫情期間還有表演藝術分享；過嶺重劃區的「中平國小」，具有國際兒童村的雛形；蘆竹「大竹重劃區」的大竹國小，孔子六藝教育中的射箭活動；八德「八德擴大重劃區」的八德國小，益智桌遊社團活動，國小社團活動相當豐富；「廣豐特區」的大忠國小，熱情參與英文說故事演講比賽，屢獲佳績；龜山「A7重劃區」的樂善國小以及鄰近的文華國小等。

　　台灣房屋青埔直營門市廖國順店長提及，當然每個購屋的人都希望接送孩子方便，且能夠發揮學區環境影響力，贏在黃金學齡期，就讓孩子贏在起

跑點，這也是學區宅的驚人魅力，舉例來說：青埔重劃區因為富人聚落，富商們重視外語能力的培養，看準未來潛力，名氣極高的青埔國小與大園高中，在中壢市房價高漲的同時，不少自住及換屋族群相中青埔區位條件與未來發展潛力，紛紛向此靠攏，尤其**以設籍青埔國小學區住宅一帶最搶手，至於區內尚未興建校舍的青園國小，也是受到許多家長注意。**

　　新竹地區也有不少是這樣的情況，例如：關埔國小、光武國中、新竹實驗學區中小學以及東興國中小學區，其中新竹實驗中小學相當特別，想要進此學校就讀，需要抽籤，而抽籤資格限定父母親必須任職竹科、清交大等單位，是一所全部都為

科技人孩子設計的課程。而新竹東區的關埔國小，被周邊大樓環繞，均勻組合成水平的大森林，選擇恢復重劃前的自然丘陵，讓一二樓都有地面層的遼闊感。東側也還有老社區及冷水坑溪做鄰居，迎接新竹的風自由玩樂。**台灣房屋新竹園區關埔直營門市甘坤鑫店長**表示，以關埔重劃區來為例，最具吸引力的是區內的光武國中、關埔國小，是許多家長指名的搶手學區，加上目前竹科就業人口約15.5萬人，因此吸引許多知名建商推案，包括興富發竹科悅揚、竹科潤隆、富宇富春居等到此插旗。

▶▶ 領袖人格獨立動線從小培養

台灣房屋新埔藝文直營門市林妤彤店長表示，

藝文特區的學區優勢相當強大，富商、名流湧入後，類似台中七期的規劃，在同德六街中埔一街一帶，同德國中、同德國小，到同德五街，規劃出親子上下課的學區動線，符合附近優質生活圈，現在家庭多少子化，居住者多為雙薪家庭，期待孩子獨立，也可以結交學風相近的朋友，可以自己上下課，回到家也不用擔心孩子的學習狀況，會互相影響，選擇藝文特區的居住者，多為品味相同重視教育學風的家長們，也帶動了此區發展。

良性競爭會提升整體的學風跟學子品格，明星學區同安國小，鄰近桃園市立圖書館、中正公園，距離未來捷運綠線 G11 站也僅 400~500 公尺，讓孩子除了在戶外運動，也可以到圖書館享受書香薰

陶，新北市的四號公園擁有國家圖書館，捷運站附近的優勢，短短幾年內價格翻漲一倍，在這樣的條件下，不少有先見之明的家長，比鄰而居。

河岸宅豪邸典藏第一排

═══ 紅點商圈區域介紹── 【河岸宅】 ═══

　　推薦區域：南崁溪大有商圈以及下南崁商圈、老街溪中壢河岸、青埔地區及竹北興隆路河岸一帶

▶▶遠眺水岸豪邸典藏第一排

　　購屋置宅除了居住外，也是個人身分地位以及成就的彰顯，所以，房子的稀缺性，不僅僅有收藏的價值，也具有人生里程碑的紀念意味。我們第一

直覺想到的水岸宅聯想，就是大直。在大直水岸第一排明水路一帶，包括前台積電董事長張忠謀、前中研院院長李遠哲、明星、主持人……等都是知名住戶；福地福人居，水岸的美好景觀，也是提升個人精神層次的表徵，因此綠景水岸景觀宅深受知名建商們的青睞。

一定要買水岸、河岸宅嗎？很多人購屋的時候都會有這樣的疑慮，價格又高、水岸宅的吸引力是什麼？從古至今，不少文人騷客都喜歡西湖美景，總會提到：「欲把西湖比西子，濃妝淡抹總相宜。」居好地，借好景，除了享景色之美，更能在日夜忙碌的商業脈動中，回到寧靜的初心，居高臨下遠眺靜謐無波的湖景、時有鳥雀嬉戲的河水，往往都會

讓人喚回更清明的決策力，日本首相、美國總統多為親山樂水之人，莫不喜歡向自然取道，結合人文與自然的住宅，成為了購屋買房的典藏首選。

台灣房屋春日直營門市蔡正坤店長分享，水岸除了美景之外，當然不能缺乏生活機能，近鄰大有商圈的桃園車站商圈，又有藝文特區、南崁商圈、大業大有商圈，省去一般重劃區有開發空窗期的困擾，還有遠百、新光、統領等百貨公司，附近較新的中古成屋，例如「百川水硯」、「一品國硯」、「中悅知音花園廣場」等等，都是為鄰河岸指標社區，早年蓋的房子公設較小，屬於大三房、四房的產品，都很搶手，每逢假日都可以看到南崁溪自行車步道、水岸生態景觀步道，自行車優遊自在。

台灣房屋南崁光明直營門市池慶垚店長表示，

同樣以南崁溪美景在南崁地區亦有不錯的中古水岸住宅，推薦建案有「星河」與「星馳」等，只要 2 字頭單價就能入主，不妨可做為購屋考量。

➡️ 中壢藝術園區白鷺鷥的美麗交會

　　源自龍潭的老街溪，因途中流經中壢老街而得名，是中壢市重要河川。從空中往下看，靜靜地流經桃園土地上，向北一路過平鎮、中壢、大園等區域，滋養了很多豐饒的土地，如：老街溪畔新勢公園、萬能科技大學、青埔，緩緩流入了大海，溪畔的自行車道是都會人最愛的慢活路徑，就像台北大稻埕到碧潭一段的自行車道，每逢假日，可以看到不少男女老少沿溪而騎，享受美食、也可以好好用

眼睛、用心情，認識這片美好的土地，騎到了青埔生態公園，坐下來，看看鷺鷥飛翔，又是另一種美式健行樂趣。

台北有碧潭河岸宅，桃園也有最美的老街溪畔宅，這些親水的美景，讓懂得生活的人，更顯尊榮。「老街溪生活圈」以綿延數公里老街溪為核心，包含民權路、新民路、三光路、義民路、中央西路二段等框出的範圍，機能完善，近年受機場捷運A21環北站開通，帶動整體區域發展。

台灣房屋中壢捷運直營門市許瀚文店長，推薦「民權極景」每坪均價為 28~32 萬上下。親水綠地公園，與光明公園兩大綠地，逐漸發展自成一格生活圈，提及周邊連結，與青埔、海華特區距離約 10

分鐘，未來還有被雙捷運站包夾利多，現在 3 字頭房價、總價約 2,000 萬，一戶難求。

竹北頭前溪沿岸第一排景觀宅從 2006 年開始受到重視，建商紛紛投入推出大坪數、高價位產品，地方政府致力河川整治及規劃自行車步道，加上景觀無法複製，近年水岸景觀宅愈發搶手，讓竹北興隆路成為燙金門牌的保證。**台灣房屋竹北台大直營門市劉維鈞店長**表示，竹北水岸景觀住宅一向是竹科電子新貴購屋首選，目前預售新成屋動輒 4 字頭起，建議預算不高又喜愛景觀宅的購屋者，可以選擇中古景觀宅，相對來得親民！

保值？投資？退休？您安排好了嗎？

Chapter 5 購屋指南》五部曲

有土斯有財？
先有雞還是先有蛋，
存款不如擁有金雞母

就業暢旺、經濟投資的紅利加持，也推升國內經濟穩定度與不動產市場，將助於台灣房地產景氣的長期發展。

有土斯有財？先有雞還是先有蛋，存款不如擁有金雞母

產業回流帶動的機會點

工業區地產＞廠房建設＞員工移入＞租賃增多＞店面崛起＞員工收入穩定，首購開始＞工廠獲利，換屋潮開始

新冠狀病毒肆虐全球，同時也打亂了經濟次序與改變，過去台商曾在中國有很大的生產基地，但隨著人力成本的上漲，近年已慢慢移出，在此浪潮

推波下，不少台商紛紛回流，未來無論在經濟與國際能見度上，台灣將再度受到矚目，是可預見這股爆發性成長力道。

內政部資料都市 109 年度下半年地價報告書中指出，全國地價總指數及各使用分區指數呈現持平至微幅上漲之趨勢。**台灣房屋工業用地中心陳璟葵執行長**表示，全國各使用分區指數中，住宅區指數較上期上漲 1.12%，商業區指數較上期上漲 0.85%，工業區指數較上期上漲 0.96%。另以土地買賣筆數觀察，本期全國土地買賣筆數為 31 萬 2,386 筆，較上期（28 萬 1,513 筆）增加 10.97%，較去年同時期（28 萬 4,564 筆）增加 9.78%，顯見土地交易市場相當熱絡。

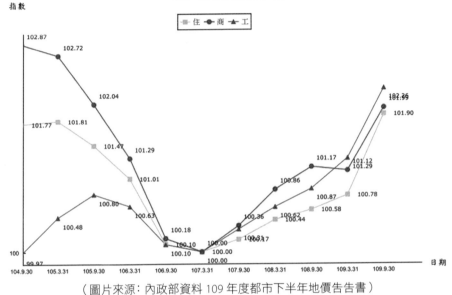

全國住宅區、商業區、工業區都市地價指數趨勢
基期：民國107年3月31日=100

（圖片來源：內政部資料 109 年度都市下半年地價告告書）

　　據桃園市府投資招商網統計，桃園是全台第一
工業科技大城，擁有 32 個報編工業區及 11 處工商
綜合區，產業聚落多樣且完整，工業產值將近新臺
幣 3 兆元，佔全國營收 17.4%，遙遙領先國內其他
縣市，且在電力設備及配備、汽車及其零件、藥品

及醫用化學製品、產業用機械設備等業別，營業收入也居全國之冠。

新竹是人文薈萃的科技城市，擁有清大、陽明交大、元培、中華、玄奘等五所大學與工研院等重要學術機構，以及科學園區高科技產業的進入，從過去到現在，風貌不斷隨著遷入人口變更，將學術、科技與文化自然融合，更利用科學園區產業聚落，發展成為科技首都，後疫情時代，結合過去的工商發展投資概念，帶動創新產業活力，兼顧文創與科技產業。

對台新竹投資網站上，新竹縣境內，看到產業概況有：綠能光電、生技醫療、精緻農業、觀光旅遊、文化創意。在北中都會圈的承接軸，最明顯的交通區位就是優勢，向北至台北30分鐘、桃園機場20分鐘、往南走到台中25分鐘科技研發重鎮，

下交流道到台積電台中新設廠房附近，新竹縣此區由新竹工業區、新竹科學園區、竹北高鐵週遭生醫園區聚落，及竹科沿線形成「七公里高科技走廊」，最具產業投資競爭優勢。

　　疫情過後到現在，高等研究動能與眾多人才從海外回流，集中匯集在工研院、以及三所科大、交大、清大以及台科大……等等，高科技人口湧入，串聯起竹北生醫園區以及竹科；對台投資報告中指出，從 104 年開始新竹縣稅收為非六都的都市中佔了第二位，工商營利事業近年來加速成長近 4500 家，成長率更高達 21%，2016 遠見雜誌「經濟與就業」評比非六都的都市中佔了第一名、2015 年 19 縣市總體競爭力調查「生活品質與現代化」「人口成長率」全國第 1、連續三年全國失業率最低。

產業回流帶動之機會點

　　陳璟葵強調，桃竹竹以多元產業優勢做後盾，而產業供應鏈在桃竹串聯整合，已形成強大的生產經濟規模。舉例來說，電子零組件製造業為例，桃園市廠商家數占全台 14.8%；新竹縣廠商家數則占有 9.1%，合計 23.9%，占了全台快四分之一的比重，更顯產業群聚效應。桃園、新竹因地理位置及產業群聚且價格低於雙北，面積大坪數好規劃，絕對會是台商尋址絕佳的考量地點。

　　台商設置廠房已成為不動產市場中的顯學，特

別是工業強度比較大的桃竹地區，更是不少台商在這一波鮭魚返鄉回流的首選，**台灣房屋大竹直營門市李明達店長**提到，不少企業主表示，從中長期來說，廠辦、商辦在台北地區調漲續約租金的情況下，部分本土企業租戶可能因借貸成本降低而萌生置產的念頭，低利環境將促使由租轉買的自用型買方更積極；至於工業地產市場，也會因許多國內外製造業者，加速調整生產基地，而同時紛紛轉向台灣地區，這些動能都是讓工業地產發熱的原因！

近三年工業區地價指數從 100.31 到 102.26 平均上漲 1.95 個百分點，其中桃園市上漲 2.04 個百分點，新竹市上漲 2.38 個百分點與新竹縣上漲 1.68 個百分點，透過數據佐證，不難看出全台工業區的地價指

數上升，桃竹竹地區亦同現象。

地價指數	2018年	2019年	2020年	三年增減幅（％）
全台工業區	100.31	100.87	102.26	+1.95
桃園市工業區	100.27	101.43	102.31	+2.04
新竹市工業區	100.58	101.88	102.96	+2.38
新竹縣工業區	100.08	101.23	101.76	+1.68

（資料來源：內政部不動產資訊平台 109 年下半年度報告 - 台灣房屋集團趨勢中心整理製表）

台灣房屋南崁中山直營門市呂思賢店長提到，在台商返台設廠下，工業地產市場相當夯，地價持續向上增溫。為什麼會有這樣的現象產生呢？我們可以在此來討論一下，全省的工業區房產，除了主要是工業用地之外，設置了工廠跟廠房，也帶

動了產線上的員工移入，當我們有了員工，就有了「住」的需求，過去世界各地的工業區附近，都會有設置員工宿舍以提供員工上下班便利性，因此工業區附近的租賃區會增加，常常有一棟多戶的出租套房，便利上班族承租居住。

台灣房屋文化長春直營門市江政翰店長提到，以中壢工業區為例，人口聚集後，周邊店面相繼崛起，以滿足生活需求為主的店面，如：小吃、便利商店、美容美髮店、洗衣店……等等，商圈逐漸拓大，當整體園區的人潮金流都具備了，員工也開始評估自己的收入跟支出，考慮在附近置產，工作穩定的情況下，就可以算一下首購的條件跟年資，最後工廠越做越順利，大家自然而然收入頗豐，也會從原本可以居住的小屋，轉換成有孩子、父母同住

的大屋。

　　從近年來國際政治經濟的改變及疫情影響，顯見台灣居住環境的優勢同時得到彰顯的機會，更成為吸引他國移民之亮點。疫情間，台灣在 2020 年第 2 季經濟成長率雖然只降到剩下 0.35%，但仍是正成長，根據主計處最新公布 2020 年第 4 季統計，經濟成長率更來到 5.09%，明顯優於國際各國表現，經濟產業帶動下，就業暢旺、經濟投資的紅利加持，也推升國內經濟穩定度與不動產市場，有助於台灣房地產景氣的長期發展，當然也會是台灣的好機會！

好商圈的店面，越舊越值錢

　　前述紅點商圈多以住宅產品為探討範圍，但不動產除了住宅外，仍有多元產品可配置，商用不動產像店面、土地、農地等等，我們這裡指的好商圈店面，並非只聚焦於台北、新北區域，而是泛指全台的各重要商圈店面為主。

　　有些東西是越放越折舊，但是店面有時候就是越舊越值錢，因為舊代表商圈發展久，人口聚集多，人流多，金流多！商業發展容易成功！營業收入高，租金也會漲，房子價值就會水漲船高！

筆者認為，店面可分為四大類；1. 熱門型店面
2. 社區生活型店面 3. 透天型店面 4. 重劃區型店面。

社區生活型店面

熱門型店面

透天型店面

重劃區型店面

　　在對店面來説能夠創造高額的營業額是最重要的事情，創造營業額上，最簡單的就是吸引民眾上門消費，湧來大量人潮，而細分人潮，又可以分為來自外地過路的固定人潮，甚至觀光客不固定人潮；類似需要這種大量外來人潮支撐的業種，像國際觀光據點，都因為觀光客的大量減少，而受到很大影響，直到報復性的國內旅遊大爆發，才略有起色。但是對於那些服務在的商圈住戶、工作、就學人口的店面，通常影響較小，例如診所、藥局、美髮廳、餐飲、咖啡廳、便利超商、支撐龐大社區生活的食衣住行娛樂業種等等，人們還是要到門市接受服務、體驗，甚至景氣越差，銅板美食店生意越好。

　　另外，近年來電商興起，以小型貿易、生活用品……，過去面積較大的店面分割成為工作室，工

作室僅僅只有展售功能，商品採取線上銷售的型態，電商的改變，確實造成業種的重組、服務新型態的發展、商圈的移轉。

但就如**台灣房屋商用不動產劉孟嬋執行長**分析，持有好商圈的店面還有一優勢，不論商圈如何變化，具有交通以及商業（如：銀行、貿易公司）的匯流，自然帶來人潮的聚集，不論業種如何發展改變，都可以出租給他人使用，都具備長期收租的效益。

一個好店面要怎麼挑選呢？像是店面周邊的居民或地區性質（例如：學區、交通、旅遊等）、交通動線、甚至是車站方向、店面的形狀（例如：面寬適合什麼樣的行業別），都會決定人潮會不會走

到你的店門口，走過店門口的人潮是不是你鎖定的客源。便利的地點當然會是最好的選擇，所以挑選店面也要重視整體的環境優勢，那麼是不是開在桃園的鄉間，店面生意就會比較差呢？倒也不一定，**台灣房屋山子頂直營門市余成彪店長**表示，在桃園龍潭區省道附近，也有很多生意興隆的店面，因為主要具備幾種優勢，例如：擁有大量的停車位，可以讓很多人開車便利，或是在周邊居民上下班的必經之路，且滿足當地的口味需求，除了好商圈的店面，對的業種進駐，人口會越聚越多，就算是鄉間的店面，只要「符合需求」，各式的店面都隱藏著長線持有的商機。

社區聚集商圈，哪種店面正夯？

　　在台北市區大多是四、五層樓的老舊公寓，一支樓梯兩戶，五層樓才只有 10 戶，家庭人口數少，房價高、成本，店面效益常常很小，看似很蛋黃的區域，房價也很高，但是到了晚上空無一人，能做的業種相對受限；但在重劃區中，社區大樓林立，一個社區幾百戶，樓下往往只有幾個店面。如：A7 合宜住宅。

　　因人口密集度高，往往樓下的店面的客戶來源就是樓上社區的住戶，樓下的店面更針對此區域的生活機能，發展出食衣育樂的商品，因為疫情來臨

後，住宅住戶多以網路通訊軟體互動，所以發展成了住戶間的群組銷售網絡，然後到樓下的店面取貨或是樓下可以設置無人商店、自動投幣式洗脫烘洗衣店，也是另一種大家喜歡購入的店面，不需要人員管銷，全部都由自動化系統來服務，類似的店面取得偏向於在重劃區、社區密集區域附近找到。

近十幾年來，國際大量貨幣的挹注，現今一年期定存利率不到 1%，500 萬以上大額存款利率更低，長期低利、貨幣貶值的環境中，人口聚集、運用性高、收益穩定的店面，兼具收益、抗貶值的置產價值，桃竹竹交通、產業興起，占地利優勢，人口成長率亦是佼佼者，多項利多，都是吸引長期置產、退休族群買家的重要因素。

　　台灣房屋龍岡直營門市王金城店長表示，疫情影響下，非高總價型的店面，位於成熟穩定社區的生活商圈，以在地消費人口為主的店面，客源與收租相對穩定成為搶手貨。店面置產客更將投資觸角延伸到衛星行政區中的在地店面，例如楊梅、平鎮、中壢龍岡、龍潭、湖口、新豐等地區，其中又以社區生活型以及住店型的透店，兩種最受青睞。

危老話題都更新方向

近期在雙北我們常聽人提及「危老條例」，筆者了解「都市危險及老舊建築物加速重建條例」後，發現與都更條例最大的差異在「加速」，危老條例適用更簡單快速的流程重建老屋，並享有危老條例獎勵，包含容積獎勵、減免賦稅等，吸引許多屋主關注。

那麼危老重建與都市更新的差異是？

簡單來說，我們可以把「危老重建」、「都市更新」、「老屋翻新」三者歸為為了居住安全，將老舊

建物重新整建以符合現代居住安全標準、及高齡生活所需居住機能的場域。最後為什麼要做這些呢？目的是「為了延長建築物的使用年限，達到更安全、更適用目前生活機能」，進一步來了解三者的差異如下：

第一種、危老重建是相對於「都市更新」來得有彈性，且無面積限制，所以小基地也能進行危老重建！不過建物須經100%土地及合法建築物所有權人同意，並通過危老建築評估後才可進行，不過在進行程序較簡化，只要經相關單位的建築結構鑑定後，確認符合危老建築資格，就可以申請建築執照開始重建與施工，但要留意有限時危老獎勵政策，要在期限內完成申請，才能再增加更多的容積獎勵

及賦稅減免等優惠。

　　第二種、都市更新，目的是政府為促進都市土地有計畫的再開發利用，復甦都市機能，改善居住環境與都市景觀，提升公共利益，特制定「都市更新條例」，當然也是為了民眾居住老舊房屋安全與風險為考量，例如建築耐震度、管線老舊、都市建築風景等，高危險的老舊建築拆掉重建，達成符合目前都市生活機能及安全的建築。

　　一般都更申請程序，須透過公聽會、聽證會、審議會核定，才能申請建築執照進行拆除及施工，且都更面積限制須達到 500 平方公尺以上（除了海砂屋、輻射屋或是災損房屋外），與危老條例相較，相對限制較多，時間冗長，但有較高的基準容

積（都更上限為 1.5 倍，危老上限為 1.3 倍），都更也是有優點，不只有重建才能使用，只要符合都更條件，整建及維護也可申請補助哦！

此外，都更條例在獎勵部分並無申請時程限制，且可申請與危老條例不同之多元獎勵，賦稅部分除原有的地價稅、房屋稅等減免外，另有土地增值稅及契稅之減徵獎勵。

第三種、老屋翻新是泛指將高齡屋的中古屋重新強化，可能因為房屋使用目的變更、超高屋齡住宅、家中人員變化，為符合使用目的而將舊屋翻修，重新裝潢、補強基礎、汰換老舊管線、格局更動或更新裝潢風格，不過也有不少是因為很多老屋

都有漏水壁癌或是結構修繕的狀況，因此進行老屋新修，而老屋翻新所需時間相對都市更新與危老重建較短，更動範圍較小。

很多新北、台北的區域都談及此區塊，但別忽視難以估算的整合難度以及時間投入。

另外，建築法令對於基地面積、退縮、臨路面寬等都有嚴格規定，住戶的多寡、意向都決定能否整合成功，所以也不是任何一間老舊公寓都符合都更效益，民眾在選擇都更、危老改建住宅時都要特別注意。

農地使用、規劃節稅適合長期持有

　　筆者認為不動產是一個靠時間灌溉的產品，對於有長期持有能力的人，筆者認為農地也是一個可以考慮的選項。過去數代務農的老農，在沒有太多資訊、其他機會的情況下，唯一致富方式，就是等待都市擴大的機會，有一天農地變建地，這是老天爺給他們歷代辛苦耕耘的，但筆者看到，常常這類原本務農的老地主，即便因為徵收賣掉農地，獲得大筆的資金，都會繼續用部分的錢再買一塊農地，將這一份勤勞致富的精神繼續傳承給後代。

　　台灣房屋百年直營門市徐又生店長表示，農地

可以耕作、農地農用免很多稅、都計內農地、都計外「一般」農業用地，合法變更可以做為交通、環保、幼稚園、特定目的事業等等規劃，政府重大政策開發、區段徵收換回建地……，所以農地對某些人來說，是長期置產的不錯選項。

未來農地另類新趨勢

我們談論到退休的夢想，每一位退休的人，或多或少都有做過一個回歸鄉下度過悠閒生活的夢想，這一個夢最好在 70 歲以前實踐，年紀再大，無法負荷勞動與農務，高齡時更需要醫療、照顧。

另外，農地也可以讓年輕人回流，讓年輕人有新體驗，讓年輕人可以累積更多的房產價值。這一代的年輕人生活壓力遠高於上一個世代，實質所

得沒有提升，但房價所得比卻日益攀高，從窮忙月光族，到卑微的小確幸，很多人開始思考是否還需要堅持在一個沒有機會的地方，過不快樂的生活方式。所以早年在歐美就有一些年輕人追求 down shift 的降速生活，現在還逐步流行 tiny house，將物質生活降到極簡化，追求更大的自由與心靈解放，一塊荒蕪的農地是最好實踐的場域，透過勞力開發，規劃小農、有機、休閒、農舍……，將荒蕪的農地整理成一片美好的生活環境，就是在實踐中創造價值，筆者也曾經在偏遠的鄉下看過夢想人走過堅持路，從一小塊變一大片，花幾十年的時間，一點一滴，變成知名的民宿，一生最大的財富除了這一片價值不菲的園地，更體驗每一個辛勤完成的成就與快樂。

台灣不動產大趨勢──紅點商圈戰略

作　者／周鶴鳴
文字整理／江怡慧‧蕭合儀
美術編輯／了凡製書坊
責任編輯／twohorses
企畫選書人／賈俊國

總 編 輯／賈俊國
副總編輯／蘇士尹
編　　輯／高懿萩
行銷企畫／張莉滎‧蕭羽猜‧黃欣

發 行 人／何飛鵬
法律顧問／元禾法律事務所王子文律師
出　　版／布克文化出版事業部
　　　　　台北市中山區民生東路二段 141 號 8 樓
　　　　　電話：(02)2500-7008 傳真：(02)2502-7676
　　　　　Email：sbooker.service@cite.com.tw
發　　行／英屬蓋曼群島商家庭傳媒股份有限公司城邦分公司
　　　　　台北市中山區民生東路二段 141 號 2 樓
　　　　　書虫客服服務專線：(02)2500-7718；2500-7719
　　　　　24 小時傳真專線：(02)2500-1990；2500-1991
　　　　　劃撥帳號：19863813；戶名：書虫股份有限公司
　　　　　讀者服務信箱：service@readingclub.com.tw
香港發行所／城邦（香港）出版集團有限公司
　　　　　香港灣仔駱克道 193 號東超商業中心 1 樓
　　　　　電話：+852-2508-6231　　傳真：+852-2578-9337
　　　　　Email：hkcite@biznetvigator.com
馬新發行所／城邦（馬新）出版集團 Cité (M) Sdn. Bhd.
　　　　　41, Jalan Radin Anum, Bandar Baru Sri Petaling,
　　　　　57000 Kuala Lumpur, Malaysia
　　　　　電話：+603- 9057-8822　　傳真：+603- 9057-6622
　　　　　Email：cite@cite.com.my
印　　刷／韋懋實業有限公司
初　　版／2021 年 8 月
定　　價／380 元
ＩＳＢＮ／9789865568887
ＥＩＳＢＮ／9789865568900 (EPUB)

© 本著作之全球中文版（繁體版）為布克文化版權所有‧翻印必究

城邦讀書花園　布克文化
www.cite.com.tw　WWW.SBOOKER.COM.TW